从摩尔根谈遗传基因

刘枫　主编

黄河出版传媒集团
阳　光　出　版　社

图书在版编目（CIP）数据

从摩尔根谈遗传基因 / 刘枫主编 .—— 银川：阳光
出版社，2016.7（2022.05重印）
（站在巨人肩上）
ISBN 978-7-5525-2797-1

Ⅰ.①从… Ⅱ.①刘… Ⅲ.①摩尔根，T.H.（1866–
1945）–生平事迹–青少年读物②摩尔根式遗传–普及
读物 Ⅳ.① K837.126.15–49 ② Q3–02

中国版本图书馆CIP数据核字 (2016) 第 181555 号

站在巨人肩上　从摩尔根谈遗传基因　　　　刘枫　主编

责任编辑　陈建琼
封面设计　瑞知堂文化
责任印制　岳建宁

黄河出版传媒集团
阳光出版社　出版发行

地　　址　宁夏银川市北京东路139号出版大厦（750001）
网　　址　http://www.ygchbs.com
网上书店　http://shop129132959.taobao.com
电子信箱　yangguangchubanshe@163.com
邮购电话　0951-5047283
经　　销　全国新华书店
印刷装订　天津兴湘印务有限公司
印刷委托书号　（宁）0020171

开　　本　710 mm×1000 mm　1/16
印　　张　9.5
字　　数　152千字
版　　次　2016年7月第1版
印　　次　2022年5月第2次印刷
书　　号　ISBN 978-7-5525-2797-1
定　　价　35.80元

前　言

　　哲人培根说过:"读史使人睿智。"是的,历史蕴含着经验与真知。

　　科学的发展是一个漫长的过程,一代又一代的科学家曾为之不懈努力,这里面不仅有着艰辛的探索、曲折的经历和动人的故事,还有成功与失败、欢乐与悲伤,甚至还饱含着血和泪。其中蕴含的人文精神,堪称人类科技文明发展过程中最宝贵的财富。

　　本系列丛书共 30 本,每本以学科发展状况为主脉,穿插为此学科发展做出重大贡献的一些杰出科学家的动人事迹,旨在从文化角度阐述科学,突出其中的科学内核和人文理念,提升读者的科学素养。

　　为了使本系列丛书有一定的收藏性和视觉效果,书中还汇集了大量的珍贵图片,使昔日世界的重要场景尽呈读者眼前,向广大读者敬献一套图文并茂的科普读本。

　　由于编者水平有限,加之时间仓促,疏误之处在所难免,敬请广大读者批评指正。

编者

目　录

摩尔根的自我介绍

名句箴言

研究者对于一切假说，特别是自己提出的假说，应养成一种怀疑的心态。而一旦证明其谬误，则应立即摒弃之。

——摩尔根

自我介绍

1865 年的秋天，在奥地利布台恩自然科学协会的年会上，一位名叫格里格·约翰·孟德尔的修道士宣读了题为《植物杂交实验》的论文。他在论文中论述了生物遗传的规律，并提出了"遗传单位"的概念。但与会者们对这位名不见经传的修道士提出的新理论并没有给予多少关注。

同年的冬天，远在美国马里兰州的巴尔的摩举行了一场盛大的婚礼，新郎名叫查尔顿·摩尔根，新娘名叫埃伦·基·霍华德。婚后不久，埃伦就发现自己怀孕了。

1866年，摩尔根夫妇的头一个孩子出生了，起名叫托马斯·亨特·摩尔根。而孟德尔的论文也在这一年的杂志上公开发表，然而却依然无人喝彩。当时，没有谁会将发生在奥地利和美国的这两件事联系在一起，但几十年后，人们发现这似乎是一种事先安排好的巧合，一种探寻生命遗传规律的巧合。

是的，那个孩子就是我，摩尔根。

我常对好友说自己诞生于1865年：一是因为我的母亲是在这一年的年底怀孕的，从一个生物学家的角度来说，一个新生命的诞生应从卵子受精算起；二是因为这一年孟德尔提出了关于遗传的基本定律，而我正是继承了孟德尔所开创的遗传学说，并将其发展成为现代经典遗传学理论。我好像就是为了接孟德尔的班而来到了这个世界。

我父亲和母亲的家族都是当年南方奴隶制时代的豪门贵族。虽然由于南北战争中南方的失败，家境已经败落，父亲和母亲却都以昔日的荣耀为自己最大的自豪，并希望年幼的我能够重振家族的雄风。我的家族出过外交官、律师、军人、议员和政府官员，却从来没有出过一个科学家，而我是一个"异类"。用遗传学术名词来形容的话，我是摩尔根家族中的"突变基因"。

有人说我生来就是一个"博物学家",对大自然中的一切都充满了好奇心。我最喜欢的游戏就是到野外去捕蝴蝶、捉虫子、掏鸟窝和采集奇形怪状、色彩斑斓的石头。我还经常趴在地上半天不起来,仔细观察昆虫是如何采食、如何筑巢的。有时还会把捕捉到的虫、鸟带回家去解剖,看看它们身体内部的构造。

有一次,我和堂兄给家里的猫灌下安眠药,趁小猫睡熟之际,捆在桌子上要解剖它。但当刀子割下去的时候,小猫被疼醒了,"喵"地大叫一声,挣脱了我们俩的束缚,蹿下桌子逃跑了。

10 岁的时候,在我的反复要求下,父母同意把家中的两个房间给我专用。于是,我自己动手刷油漆、糊壁纸,按照自己的意愿把两个房间重新装饰一番,然后在里面摆满了自己亲手采集和制作的鸟、鸟蛋、蝴蝶、化石、矿石以及各种标本。

小时候我的另一个爱好是看书,特别是那些关于大自然方面的书。如果没有人叫我吃饭的话,我可以一整天泡在书房里。我还有一个从小养成的习性,就是不修边幅。我从不要求父母添置新衣服,也不会因衣服破旧而难堪。后来我为赴瑞典接受诺贝尔奖途经纽约时,到老朋友韦弗博士的家中过了一夜。韦弗夫妇发现我竟穿着一件很不像样的大衣，而且大衣的一个口袋里塞着一包用旧报纸包着的梳子、剃须刀和牙刷，另一个口袋里是同样用旧报纸包着的一双袜子。当韦弗夫人面露惊讶之色时，我问道："还有什么需要带的吗？"

对知识的热爱，使我在学习上倾注了极大的热情。在14岁生日过后没几天便初中毕业了，考入肯塔基州立学院的预科学习（美国的大学预科，实际上相当于中国某些大学的附属中学的高中）。两年后，也就是我16岁时顺利地转入了大学本科，我选择的是理科专业，学习数学、物理学、化学、天文学、博物学、农学和应用工程学等。我最感兴趣的博物学贯穿于大学四年的课程之中，还有幸遇到了两位杰出的博物学教授。对博物学的爱好一直延续到我的晚年，我日后从事胚胎学、遗传学的研究，可以说是我从小对博物学爱好自然而然的发展与深化。

摩尔根

当我大学毕业时，还没有想好自己将来的发展方向。同学们毕业后有的经商，有的从教，有的办农场，有的去了地质队，而我对这些工作都不感兴趣。实际上自己是因为不知道干什么好，才决定去攻读研究生的。我报考了霍普金斯大学研究生院的生物学系。当时的霍普金斯大学创办仅 10 年，规模不大，也没有什么名气。之所以做出这个选择，主要是因为霍普金斯大学位于马里兰州，是我母亲的娘家，同时生物学又是与博物学关系十分密切的专业。

霍普金斯大学以医学和生物学见长，办学方向侧重于研究生教育，特别是它非常强调基础研究和培养学生的动手实验能力。这所大学生物学专业的教学目的，不像当时美国其他大学那样主要是为了在医学和农业生产中的应用，而是侧重于基础科学研究，并且课程几乎都是在实验室里上的，纯粹的课堂讲授实际上是被取消了。学校还非常重视通过实验培养学生严谨求实的科学精神和严肃认真的工作态度。当时的生物学系主任马丁教授曾告诫我们："不要以为实验室中的设备是自动化的'生理灌肠机'——从这头塞只动物进去，扳手一拉，另一头就出来了重要的科学发现。"在教学思想和教学方法上，霍普金斯大学走在了美国其他大学的前面，这也是它后来培养出 7 名诺贝尔生理学或医学奖获得者、成为世界著名学府的成功原因之一。

霍普金斯大学富有特色的教学方法，为我日后的研究打下了良好的基础，并形成了"一切都要经过实验"的信条，他崇信实验结果更胜于权威们的结论。我曾经对达尔文的进化论和孟德尔的遗传学说抱有怀疑态度，但实验得出的结果,使我最终信服了上述学说,并使之得到发展和完善。之后我取得的一系列重要研究成果,几乎都是从实验中得来的。两年后,我获得了硕士学位,同时,我的母校肯塔基州立学院寄来了博物学教授的聘书。尽管当时父亲没有固定工作,家境十分窘迫,迫切需要作为长子的我肩负起家庭经济的重担。但此时的我已经坚定了从事生物学基础研究的理想,我留在了霍普金斯大学,继续攻读博士研究生。

摩尔根在做果蝇实验

在攻读博士研究生期间和获得博士学位后的 10 多年里,我主要从事实验胚胎学的研究。1900 年,即孟德尔逝世 16 年后,他的遗传学说才又被人们重新发现。我也逐渐将研究方向转到了遗传学领域。起初很相信这些定律,因为它们是建立在坚实的实验基础上的。但后来,许多问题使我越来越怀疑孟德尔的理论,我曾用白腹黄侧的家鼠与野生型杂交,得到的结果五花八门。但与此同时,德弗里斯的突变论却越来越使我感到满意,我开始用果蝇进行诱发突变的实验。而我的实验室被同事戏称为"蝇室",里面除了几张旧桌子外,就是培养了千千万万只果蝇的几千个牛奶罐。

1910年5月,这里产生了一只奇特的雄蝇,它的眼睛不像同胞姊妹那样是红色,而是白的。这显然是个突变体,并且注定会成为科学史上最著名的昆虫。这时我家里正好添了第三个孩子,当我去医院见到妻子时,妻子的第一句话就是"那只白眼果蝇怎么样了?"我的第三个孩子长得很好,而那只白眼雄果蝇却长得很虚弱。我极为珍惜这只果蝇,将它装在瓶子里,睡觉时放在身旁,白天又带回实验室。它这样养精蓄锐,终于同一只正常的红眼雌蝇交配以后才死去,留下了突变基因,以后繁衍成一个大家系。这个家系的子一代全是红眼的,显然红对白来说,表现为显性,正合孟德尔的实验结果,我不觉暗暗地吃了一惊。后来又使子一代交配,结果发现了子二代中的红、白果蝇的比例正好是3:1,这也是孟德尔的研究结果,于是我对孟德尔更加佩服了。我决心沿着这条线索追下去,看看动物到底是怎样遗传的。经过进一步观察,发现子二代的白眼果蝇全是雌性,这说明性状的性别的因子是连锁在一起的,而细胞分裂时,染色体先由一变二,可见能够遗传性状,性别的基因就在染色体上,它通过细胞分裂一代代地传下去。

染色体就是基因的载体!我和我的学生还推算出了各种基因的染色体上的位置,并画出了果蝇的4对染色体上的基因所排列的位置图。基因学说从此诞生了,男女性别之谜也终于被揭开了。从此遗传学结束了空想时代,重大发现接踵而至,并成为 20 世纪最为活跃的研究领域。为此,我荣获了 1933 年诺贝尔生理学或医学奖。我是霍普金斯大学,也是美国的第一位诺贝尔生理学或医学奖得主;同时还是第二位因遗传学研究成果而荣获诺贝尔奖的科学家。

摩尔根于 1866 年 9 月 25 日生于美国肯塔基州的列克星敦。1880 年,他进入肯塔基州立学院学习生物学,1886 年获得动物学学士学位。之后,他去霍普金斯大学深造。在霍普金斯大学,他在几位著名教授的指导下攻读了普通生物学、生理学、解剖学、形态学和胚胎学。1890 年,他完成了博士论文《论海洋蜘蛛》,获得哲学博士学位。1891～1904 年任布林马尔大学动物学副教授。1904～1928 年任哥伦比亚大学实验动物学教授。1928～1945 年任加利福尼亚理工学院生物学教授。1919 年被选为伦敦皇家学会会员。

摩尔根的研究兴趣极为广泛,他一生的科研工作总是在生物的进化、遗传和发生等广阔的领域里不断地交换着研究课题。在 1895～1902 年期间,他集中精力研究实验胚胎学,著有《实验胚胎学》一书,对于当时

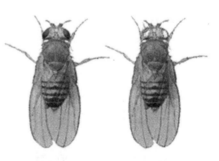

白眼雄蝇与红眼果蝇

发展以生理为基础的生物学观点起了一定的推动作用。在 1903～1910 年期间,他研究进化论,特别是研究与性别决定有关的遗传学和细胞学问题。在 1910～1935 年期间,他集中研究果蝇的遗传问题。在 1935～1945 年期间,他研究胚胎学及其与遗传和进化的关系。

摩尔根不仅对于果蝇的遗传学研究最负盛名,同时他对于胚胎学、细胞学以及进化论的研究也都作出了显著贡献。为了表彰他在创立染色体遗传理论方面的功绩,摩尔根被授予 1933 年度的医学或生理学诺贝尔奖金。除此以外,他还获得了其他许多科学荣誉,其中包括伦敦皇家学会授予的达尔文奖章和开普勒奖章。摩尔根的功绩不仅是在染色体遗传理论方面和胚胎学方面所取得的重大成果,而且在实验方法上,他首次把定量分析方法应用于解决生物学问题,这就促使遗传学很快地有了飞跃的发展,并为现代的新兴科学——基因工程奠定了基础。

摩尔根是于 1908 年前后开始养殖果蝇的。1910 年,他在一个培养瓶里,偶然在一只雄果蝇身上发现了一个细小而明显的变异:一般的果蝇都是红眼,而那只变异的雄果蝇却是白眼。摩尔根让这只白眼雄果蝇与红眼雌果蝇进行交配,结果所得到的后代都是红眼。在子一代中进行兄妹交配而产生子二代,其中发现了一些白眼果蝇。摩尔根惊奇地注意到,所有的白眼果蝇几乎绝大部分出现在雄性身上,偶尔也会出现一只白眼雌果蝇。

摩尔根把白眼果蝇的出现,称为性别连接,意思是说,白眼基因是被连接在性染色体上的。后来,摩尔根的性别连接观点被证明可以适用于一切有性生殖的生物体,并能说明许多其他模糊不清的遗传类型,包括人的红绿色盲和血友病。摩尔根的果蝇研究成果,第一次揭示出一种或多种遗传特性与某一特定的染色体的明确联系。

总之,摩尔根发展了孟德尔的遗传学理论。他在以果蝇为材料进行的实验遗传学的研究中,发现了伴性遗传的规律。他和他的同事们在发现连锁、交换和不分离现象等的基础上,发展了染色体遗传学说,认为染色体是孟德尔式遗传性状传递机理的物质基础。

摩尔根进一步创立了基因学说,认为基因是组成染色体的遗传单位,并且证明基因在染色体上占有一定的位置,而且呈直线排列。他还认为,在个体发育中,一定的基因在一定的条件下,控制着一定的代谢过程,从而体现在一定的遗传特性和特征的表现上,基因还可以通过突变而发生变化。他在遗传学方面的著作有《基因论》《孟德尔式遗传机制》等。

摩尔根于 1945 年 12 月 4 日逝世于美国加利福尼亚州的帕萨迪纳。

基因 遗传 的 奠 基 阶段 基因

一切为了生存。

——达尔文

名句箴言

奠基阶段

古人在新石器时代就开始驯养动物和栽培植物,渐渐地人们学会了改良动植物品种的方法。西班牙学者科卢梅拉在公元60年左右所写的《论农作物》一书中描述了嫁接技术,还记载了几个小麦品种。公元533~544年间中国学者贾思勰在所著《齐民要术》一书中论述了各种农作物、蔬菜、果树、竹木的栽培和家畜的饲养,还特别记载了果树的嫁接，树苗的繁殖，家禽、家畜的阉割等技术。改良品种的活动从那时以后从未中断。

许多人在这些活动的基础上，力图阐明亲代和杂交子代性状之间的遗传规律，但都未获成功。直到 1866 年，奥地利学者孟德尔根据他的豌豆杂交实验结果，发表了论文《植物杂交试验》，揭示了现在称为孟德尔定律的遗传规律，才奠定了遗传学的基础。

孟德尔的工作结果直到 20 世纪初才受到重视。19 世纪末叶在生物学中，关于细胞分裂、染色体行为和受精过程等方面的研究和对于遗传物质的认识，促进了遗传学的发展。

1875～1884 年的几年中，德国解剖学和细胞学家弗莱明在动物中，德国植物学和细胞学家施特拉斯布格在植物中分别发现了有丝分裂、减数分裂、染色体的纵向分裂，以及分裂后的趋向两极的行为；比利时动物学家贝内登还观察到马副蛔虫的每一个身体细胞中含有等数的染色体；德国动物学家赫特维希在动物中，施特拉斯布格在植物中分别发现受精现象。这些发现都为遗传的染色体学说奠定了基础。

名句箴言

巨大的建筑，总是由一木一石叠起来的，我们何妨做做这一木一石呢？我时常做些零碎事，就是为此。

——鲁迅

植物生理学的贡献——格特纳

1788 年，约瑟夫·格特纳发表了他的著作《论植物的果实和种子》的第一部分。它系统地论述了各种果实和种子，但并未打算利用它们作为一种植物分类的基础。这是对植物形态学的一个重要贡献。

事实上，格特纳认为，不可能根据任何一个器官甚至像果实这样一个重要器官来达到一种令人满意的植物分类。因此,他满足于极其小心谨慎地描述尽可能多的果实和种子,而不涉及任何别的植物学问题。得助于大量细致的插图,他的描述成为对植物学研究的一个宝贵贡献。虽然主要致力于如实的观察和描述,避免比较大胆的猜测,但格特纳并不戒绝就果实和种子个别部分的结构提出一些小心的概括结论。他的《论植物的果实和种子》的导论性章节以相当篇幅论述这些问题。格特纳还成功地阐释了许多关于植物繁殖器官

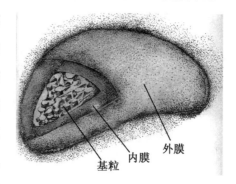

基粒　内膜　外膜

叶绿体

结构的形态学问题,到那时为止人们对这器官还不甚了了。

隐花植物繁殖器官的结构在那时还认识得不够完善。当时,习惯上都用显花结构即用雌蕊和雄蕊来解释它们。这在当时流行的各种植物分类体系中,都是显而易见的。按照这些分类,不管自然的还是人为的,今天称为隐花植物的那种植物归类为无子叶植物,并因而从反面即用子叶的不存在来表示。甚至格特纳实际上也不理解隐花植物中孢子的本性。但是,他发现,显花植物的种子中有胚,而孢子没有这种东西,因此他认识到,孢子和显花植物的种子有根本的不同。

　　格特纳对种子的说明促进人们更清楚地了解种子的个别部分。但是,他未能对在种子包被中发现的一切东西都作出解释。他把自己解释不了的那些部分统称为"卵黄",他并描述说,它是"种子内脏的这样一个有许多形状的部分,通常位于中央,在胚乳和胚之间,离开子叶也同离开胚乳一样远"。值得指出,格鲁在 17 世纪实际上已用过这个术语。格特纳一定知道这一点,因为他常常提到格鲁的《植物解剖学》,书中在描述某些种子时,明确谈到,"有许多东西……它们除了胚乳或胚乳由之产生的清澈液汁之外,还有一个卵黄,或类似的实体,它既不是种子的一部分,也不是覆盖物的一部分,而是与两者都不同。"格鲁认为,这卵黄是幼苗的食物来源。他继续写道:"这实体处在毗邻种子的覆盖物里面,因此成为种子的首要的最精的养料,一如卵黄之于小鸡。"

　　由此可见,如果我们要准确评价格特纳在这个研究领域里的独创性的程度,就必须仔细研讨他前人的著作。17世纪的显微镜学家已具备相当多的种子结构知识,奠定了格特纳赖以建树的基础。格特纳的前驱中,最重要人物是上面提到的内赫米亚·格鲁,这里应当对他在这一研究领域的著作做些介绍。

　　在谈到豆种子的结构时,格鲁写道:"剥掉豆的表皮,种子本身就显露出来了。它的组成部分有三个,即主体和两个附属体；我们可以称它们为豆的三个有机部分……主体不是一个整块，而沿长度分为两半即两个裂片，它们在豆的基底处相连……在豆的基底处，还有两个附生的有机部分……这两个部分的较大者无裂片……这个部分不仅豆有……而且一切其他植物都有；上述两个附属体中较小的那个……成为这植物的根……隐蔽在豆的两个裂片之间……这个部分在其松散端分裂成一根根的东西，宛如一束羽毛；因此，它可以称为羽状部。"这段叙述准确记述了观察结果，但未提供形态学的解释。在一个世纪以后格特纳的著作中，一定程度上也沿此路线进行描述；但是，由于后来对各种各样果实和种子的观察更为丰富，所以格特纳能够提出一些概括的结论，而以往的植物学家即便凭想象设想出它们，也是无法加以验证的。

格特纳把处于种子之中的幼苗原基称为"胚"。然而，他看来把这名称局限于格鲁所称的"附属体"，排斥"主体"即子叶。格特纳说："胚是能育种子最重要、最基本的部分，唯有它生产新的植物，其余一切不管怎样都附加于它，以应暂时的用途"。然而，格特纳似乎在这个问题上已经感到一定程度的拿不准。在刚才所引的说明中，看来他认为子叶是胚的派生物，但他在别处说，子叶和胚结合而构成种子的核。例如，他写道："子叶是有机核的组成部分……而这核同胚根和胚芽一起形成胚的组织，子叶通常由于种子发芽而变成新植物的第一片叶子,后者往往不同于后生的其他叶子。"

格鲁还为恰当识别种子同胚乳与那些仅由"三个有机化部分——裂片和附属体"组成的东西之间的差别,提供了根据。他指出:"也带有庞大覆盖物的种子大多数分裂成两个裂片;它们基本上都像一对小叶子。在净化的安哥拉坚果中,壳剥去后,上覆盖物好像仅只一个……在这下面是在最里面的厚覆盖物;从中间把它切开,就露出真正的种子:由十足的叶子组成……在基底处同胚根相连。"这段话反映了完全认清存在一种物质,即"在最里面的厚覆盖物",而它不是"真正种子"的组成部分;它还表明,格鲁认识到他称之为"十足叶子"的子叶的叶子本性。

格特纳证实并扩展了格鲁所做并加以描述的观察。格鲁如此准确地记叙了相当多种类的种子,认识到了许多它们表现出来的结构差异,因而赢得了声誉。然而,格特纳则为我们进一步拓展了形态学研究的这一重要分支,以明白顺畅和卓有助益的方式表述了其结果。他那个时代的植物学中,基本上是林奈的观点占支配地位。然而,林奈未认识到种子胚乳的作用,实际上还根本否认它的存在。因此,重要的是,应重新评价种子间可观察到的结构差异的实在性。

格特纳充分认识到,植物早期胚胎阶段的研究具有重要意义,有助于阐明植物成熟体结构的形态学。他一再转向研究未成熟的植物器官,以增进了解这些器官完全发育的形态。当时,关于传粉和受精生理的知识水平还不够高,因为,还未能提供为形成关于种子形态学的正确概念所必需的资料。他的同时代人克尔罗伊特对传粉的研究,为更充分地认识花粉作为能育种子发育的一个必要因素的重要性,奠定了基础。但是,一直等到19世纪,才发现了为正确理解种子形态学所必需的全部资料,那时对受精的比较详细研究揭示了种子各个部分的起源及其诸发育阶段。

格特纳对花器官的形态学作出的最宝贵贡献之一是,确立了种子和果实的明确区分。在他之前,干果一直被误认为是裸种子。格特纳把果实定义为成熟子房、果皮,它总是子房皮的产物。他解释说:"果皮这个用于果实的术语不仅表达了成熟子房的确切形态,而且还具体指明了它同种子的区别所

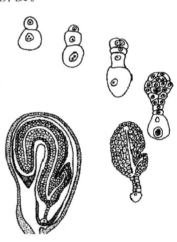

植物胚的发育

在。因此,果皮一般称为生殖窠,它仅由成熟子房构成,把种子隐含在自身之中,所以,只有当种子被从生殖窠中吐出时,才能看清它们的独特结构。"这个真果概念一直保持到了现在。当植物其他部分同果皮相连时,就植物学而言,这合成的结构称为"假果"。

读书愈多，精神就愈健壮而勇敢。

——高尔基

名句箴言

发现神奇比例——孟德尔

在欧洲的许多建筑里，为了纪念有特殊贡献的人，常用这些人的名字命名：如法兰克福的歌德广场，萨尔茨堡的莫扎特广场等。同样，在原捷克斯洛伐克的中部摩拉维亚首府布尔诺有一个孟德尔广场。这个广场既是遗传学的发祥地，也是现代生物科学的发祥地。孟德尔就是众所周知的遗传学创始人。

他正是因为发现了遗传中的神奇比例而成为流传千古的著名科学家。

艰难的求学之路

1822 年 7 月 22 日,伴随着一阵婴儿的啼哭声,又一个男孩降生在欣溪澈村一个普通的农户家中,怀着无比高兴的心情,父母为他起名叫孟德尔。

孟德尔小的时候就聪明可爱,特别好动。他不愿总是呆在家中,经常让父母带他到农田中。趁父母在田中干活,他自己认真数着一棵棵小麦的叶子数,或是在田埂上采摘着不同的小野花,闻闻它们的不同香味,然后兴高采烈地向父母汇报一番,在得到表扬后就高兴地眨眨眼睛开心地仰起笑脸。

欣溪澈村有一所与众不同的小学校,除上课识字外,教师还要在农田里教学生果树栽培和饲养蜜蜂,到了上学年龄的孟德尔就在这所学校就读。初尝读书乐趣的孟德尔对课本特别钟爱,不仅学到了许多书本知识,而且因在同龄人中出类拔萃深受老师的喜爱。在老师的指导下他学到了不少动植物方面的知识。渴求知识的孟德尔,转眼已到了结业的时候了,可双亲还没有告诉送他到高一级学校读书的事,孟德尔心中着急,常常晚上睡不好觉。有一天晚上,刚刚想睡觉的孟德尔被父母亲的讲话声所惊醒。

母亲罗辛娜对父亲安托说:"眼看小孟德尔就已经八岁了,我们应该考虑让他更换学校了。"

"应该是应该,可是……"父亲安托忧虑地说。

"可如果不让小孟德尔继续上学,那只能让他和我们一样当一辈子农民,受一辈子穷;而且他自己是那么渴望继续上学,看到如今他那失去笑容的小脸,我心中很难过。"母亲辛酸地对父亲说,声音有些哽咽。

"那让我再考虑考虑,你应该休息了。"父亲一边安慰母亲,也一边思考着。他想到了家里的实际经济情况和小孟德尔艰辛求学的身影,考虑到自己耕田的后继者,他没有轻易同意这种想法。

后来,观察到少年孟德尔非凡才能的班主任老师马基塔三番两次地劝说孟德尔的父亲,建议务必让孟德尔到高一级的学校去学习,父亲安托为了让儿子脱离开艰苦的农民生活,为了孟德尔的将来,终于下决心让孟德尔继续上学。

在1833年,11岁的孟德尔终于如愿以偿地进入了皮亚里斯特尔学校的三年级学习;一年后孟德尔以班级最高的成绩和"优秀""超群"等评语转入特罗保的高等中学去求学。

离开父母的孟德尔,小小年纪就已经开始尝试独立生活的滋味。他在离学校不远的地方租了一间最便宜房间,每天认真地学习数学、拉丁语、地理、历史、希腊语、宗教等各门课程,而且经常晚上借着微弱的烛光如饥似渴地读着从学校图书馆借来的自然科学书籍。因家境贫穷,孟德尔总是把生活费省了又省,吃着父亲隔几天从村子里送来的面包和少量奶油。有一次早上正在上数学课,同学们都在认真听讲,两天才吃了一个面包的孟德尔,对平时一听就懂的数学怎么也难以集中精力,只觉得老师的身影在讲台上摇啊摇,忽然眼前金星乱晃,身子往旁边一歪就倒在了地上。老师和同学赶紧把他送到医院,经检查才知道是饥饿所至。就是在这样艰苦的条件之下,孟德尔抱着对

孟德尔

知识的渴望,对学习从来没有懈怠过,终于以优异的成绩完成了六年的中学学习。

中学毕业后的孟德尔被推荐到阿罗本茨大学的哲学院去学习哲学、物理学、博物学等。阿罗本茨的生活使孟德尔更体会到了人生的艰难。他必须自己筹措学费,于是他找到了一个家庭教师的工作,但是过度劳累、饥饿和营养不足,使他终于病倒了,这时他不得不辍学一个学期,返回故乡的小村庄去休养。到了秋天才又回到阿罗本茨去上学。

大学毕业后,孟德尔经导师推荐到布尔诺修道院成了一

名从事自然科学的修道士,在院长纳普的帮助下,孟德尔又先后到布尔诺哲学院去进修了农学课程,去维也纳大学留学学习了动物分类学、植物形态学、植物分类学、高等数学、化学、物理学等课程;这使他意识到植物学对阐明遗传法则有着极其重要的作用,学到了物理学严密的思维方式,掌握了当时一些先进科研方法。正是这些为他发现神奇的比例奠定了坚实的基础。

神奇比例的发现

为什么"种瓜得瓜、种豆得豆"?为什么"一母生九子,九子又各不同"?为什么每种植物都有区别于别种植物的独特特征,它们是否由某种法则决定着,那个法则又是什么呢?从维也纳大学留学归来的孟德尔时常被这些问题困扰着。

孟德尔有一个习惯,每天晚饭后就穿着神父的便服,在自己心爱的小植物园里一边散步,一边思考问题,每当这时,这个小小的植物园便把孟德尔带入了对往事的回忆中。

早在 1840 年,致力于生物学研究和发展农业的纳普院长在同年召开的全德农业学会上当选为主席,面对着来自全欧洲 300 多名学者,纳普说:"形成杂种并改良品种的方法需要很长的年月,这是因为不了解生物的遗传法则,所以我们无论如何有必要阐明遗传的法则。"于是他在修道院后面建成了这个小植物园,并指定植物学家克拉谢尔修道士主持这项研究工作。后来孟德尔一到修道院就参与了这项研究,并不断地接受克拉谢尔的启蒙,认真地学习实验所需的植物专门知识。克拉谢尔广博的知识,不仅在生物学,还在岩石矿物、力学、社会学、哲学等方面的知识也给了孟德尔很大的影响。但刚刚与孟德尔相处一年的克拉谢尔因投身于民族独立的爱国运动而不得不终止这项研究,并建议纳普院长让孟德尔接管这个小园子,继续从事研究。临别之时,克拉谢尔勉励他,"你一定会成功!"这句话时时回响在孟德尔的耳边,成为他不断奋斗的动力,也鞭策着他向前人未知的领域迈进。

结束散步的孟德尔,收起对往事的回忆,回到自己房间的书桌旁,苦苦思考着实验的准备工作。因为在开始进行自然研究之际,仅糊里糊涂地做实验是毫无意义的。首先必须考虑好要解决什么问题,用什么做材料,采用什么样的方法进行实验以及如何处理其结果等。这些事都要事先计划好并根据这种方案来开展研究。现在,自己准备选择豌豆作实验材料对不对呢?两年多来的往事历历在目。

两年前,年轻的孟德尔刚从维也纳大学归来,精力旺盛,来不及休整就投入到自己的研究工作中。关于实验材料,他考虑了豌豆、菜豆、玉米、紫茉莉、水杨梅、山柳菊、毛蕊花、金鱼草、楼斗菜、鼠类、蜜蜂等几十种,但还是举棋不定。通过查阅有关资料,翁格尔的著作给了他极大的启示。翁格尔确信植物的任何一种特性都保存在细胞之中,并通过以豌豆为代表的七百种植物进行了一万次的交配实验,获得了258个杂交品种,也得到了和父本、母本完全不同的杂交品种。

这样,孟德尔决定和助手一起选取豌豆为材料。助手不解地问孟德尔:"您为什么要选择豌豆?"

"实验植物必须至少具备三个条件:第一,具有不同的稳定特征,而豌豆的叶子形状有圆形和皱形,子叶颜色有黄色和绿色,花的颜色有红色和白色,这一条符合了。"孟德尔停顿了一下,加重语气解释:"第二,在实验材料的杂交种开花时,要考虑到别的植物花粉不能与之交配或采用人工的方法有效防止交配,这一点特别重要,而豌豆的雌蕊被其花瓣所包围,即使传粉时节不套袋遮蔽,别的植物的花粉也难以从外面进入;第三,杂种及其子代在庄稼成熟方面没有显著的障碍,这种情况豆科植物因花的结构特殊可以避免。与其他植物相比,豌豆有明显的优势。"

通过解释,孟德尔消除了助手的疑虑。于是,他们从种子商那里买来了34种不同的豌豆种子。经过两年的测试,他们从中选取了22个稳定的品种作为实验材料,这些品种都在它们的自花受粉形成的子代中表现出相同的特征。

四年的辛勤劳动换来的豌豆作材料是否真的合适?孟德尔又查看了英国人奈特,英国人戈斯和格特纳的论文,这些以豌豆为实验材料的论文又一次证明了豌豆是个好材料。老前辈克拉谢尔的"你一定会成功的"话语再次使孟德尔信心倍增。"对,就以豌豆为实验材料进行研究。"孟德尔从书桌前激动地站起来,果断地大声说。这时已经是 1856 年的一个深夜了。

科学的实验来不得半点虚假和懒惰。每年从春天到秋天,他天天全神贯注地监视着试验,认真记录着自己观察到的豌豆的七个相对性状,并且督促助手也认真记录结果,自己与他进行对照,发现观察结果不同,就重新观察,确保所观察记录结果的准确性。有一次,生了重病的孟德尔已两天未吃东西了,虚弱的他连站起来都比较困难,可到了观察时间,他硬是让另两个同事架着他到试验田中观察记录,直到昏倒在地上。正是这种坚韧不拔的精神使孟德尔积累了大量宝贵的科学实验数据。

面对八年时间积累起来的众多实验数据,具备扎实数学和物理功底的孟德尔没有被纷繁无序的数据所困扰。他不仅吸取了前人妄图一步登天的失败教训,而且天才地采取了由简到繁,循序渐进的研究方法,并且精密地采用了统计方法来分析实验结果。他决定先从一个性状着手研究,在弄清一个性状的规律后再研究两三个性状的规律。

对照、比较繁多的实验结果,孟德尔看到具有一相对性状的甲、乙两个品种进行正、反交时,即不论是以甲做父本,还是以乙做母本,它们全部都表现出了同样的结果。就拿高茎豌豆与矮茎豌豆间的杂交为例来说,不论是以高茎作母本,矮茎作父本或是以矮茎作母本,高茎作父本,它们杂交后全部的第一代个体,全部表现为高茎。以后子一代自交结的种子所长出的植株,除了大多数仍表现高茎外,又重新出现了少数矮茎。这是矮茎性状在子一代里仿佛暂时被隐藏了起来,直到子二代,它又重新出现。于是,孟德尔把那些杂交后在子一代中所显现的性状,如高茎、红花、黄色子叶等叫作显性性状;把那些在子一代中暂时不出现,到子二代中方才重新出现的性状,如矮茎、白花、绿色子叶等叫作隐性性状。这样孟德尔发现了性状的显与隐,但它们之间是否存在什么内在关系呢?

于是孟德尔采用统计分析的方法对子二代两种不同类型的个体数目进行了统计,这时他发现了一个令人惊异的结果,那就是这两种类型的个体数都毫无例外地呈现出一特有的比例——显性个体占 3/4,隐性个体占 1/4。先看种子形状吧。子二代中显性性状圆形的共有 5474 株,隐性性状皱形的共有 1850 株。两者间的比例为 2.96∶1,它十分接近于 3∶1。再来看一下子叶的颜色,子二代中显性性状黄色的共6022 株,隐性性状绿色的共有 2001 株。两者之间的比例为3.01∶1,它也十分接近 3∶1。孟德尔惊异之余,接着又一鼓作气地完成了其他 5 个性状的杂交实验。奇怪的是在这些试验里接二连三地都在子二代中出现了同一个神奇的比例3：1。孟德尔惊喜地把这个结果告诉了助手，助手不信，又把子一代、子二代甚至于子三代的数据认真计算了一下，结果是两种类型个体间无一例外地出现了那个神奇的比例3：1。

"子一代总是全部出现显性性状，而子二代又总是毫无例外地出现显性性状与隐性性状间3：1的神奇比例，这可能是偶然的巧合吧？"助手仍然用疑问的语气对孟德尔说。

"不，绝对不可能。"孟德尔坚定地说，"我认为这种情况的发生应当是意味着它本身就是一种遗传上的普遍规律性。"

"然而出现这种神奇比例的原因是什么呢？"助手又一次问道。

"是啊，原因是什么呢？"孟德尔又一次深深陷入了思考之中。

许多天来，孟德尔茶饭不思，夜不能寐，冥思苦想可总是不能找到圆满的答案。有一天，疲倦的孟德尔索性丢开了生物方面的资料，随手拿了一本化学书，忽然道尔顿的原子说吸引了他，原子说的主要见解是：各元素是由各个具有一定性质和质量的原子所构成的，这些原子相结合而形成化合物，另外化合物被分解时，原子并不失去其原来的性质而游离出来，而且在 A 和 B 两种元素相化合形成两种以上的化合物时，在各个化合物中，对一定量的 A 元素，B 元素的量成简单的整数比。举个简单的例子来说,氧原子和氢原子化合而成水,可是水分解后所产生的氧原子和从前的氧原子是完全相同的,而且氧氢之比为1∶2。这个学说一下子扣住了孟德尔的心弦,"如果将原子置换成遗传因子来看待生物又如何呢?"孟德尔眼前一亮,又重新思考起神奇比例的由来。

又经过几天的思考、归纳、整理,孟德尔终于找到了原因,他惊喜地把助手叫来告诉他:"我认为,首先生物的每一相

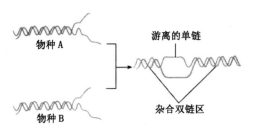

DNA **分子杂交示意图**

对性状是由一对'因子'来决定的,相对性状有显隐性之分,我把显性用 D 表示,隐性用 d 表示,如果是纯亲本则为 DD 或 dd,而在杂种子一代 Dd 中,D 和 d 互不影响地共存。由于杂种子一代 Dd 在产生生殖细胞时,D 与 d 只是互相分开,不会丢失,这样一来,如果有一个生殖细胞里含有 D,那就必定还有一个生殖细胞里含有 d。因而不论是雌性生殖细胞,还是雄性生殖细胞,应当都有含 D 与 d 的两种,而且它们在数量上应当相等,各占 1/2。以后到受精时,两种数目相等的分别含有 D 与 d 的精与卵随机相遇,这将结合成为 DD,Dd,dD 与 dd 四种合子,它们将各占后代总数的 1/4。DD,Dd,dD 都表现为高茎,故占总数的 3/

4，而 dd 表现为矮茎，占总数的 1/4。这就是神奇比例 3：1 的由来。”

后来，根据这神奇的比例，孟德尔总结出了带有根本性的遗传规律——分离定律和自由组合定律，这些定律就像一盏明灯一样，照亮了近代遗传学的发展途径，也为现代的生物工程奠定了坚实的理论基础。

是金子总会发光

1865 年，历经 8 年累积起来的实验成果公之于世的时刻终于来临了，2 月 8 日和 3 月 8 日孟德尔分两次在布尔诺自然科学会的例会上向 40 多位植物学家、化学家、博物学家们宣读了他的论文，但人们对于新奇的杂交结果及其有规律的神奇比例越听越难于理解，讲演完后谁也没有对此提问题，也没有进行任何讨论，只是默默地向黑夜的街头散去。但是孟德尔没有气馁，他把实验内容写成长 45 页的论文发表在第二年的《布隆自然科学协会会刊》的第四卷上，并命名论文为《植物杂交的实验》。

孟德尔的理论超越了当时学者所能接受的水平。当时是融合遗传的观点占统治地位，认为父母双亲的遗传特性在子代中融合在一起，呈现中间类型，像一杯墨水和一杯清水混合在一起，以后的世代中也不会有明显的分离现象。而孟德尔的理论认为遗传是由遗传因子决定的,控制各种性状的遗传因子在遗传中互不沾染,这是完全不同于融合遗传的一种颗粒性遗传的观点。另外,孟德尔用数学统计方法来分析实验结果,也超越了当时学者所能接受的水平。孟德尔本人对这一点也有一定的认识,他给他的朋友植物学家内格利写信时说:"我知道我所获得的实验结果是不容易同我们当代的科学知识相容的,既然如此,发表这样孤立的试验就是加倍危险的!"

孟德尔对自己的论文未得到承认并不气馁,仍然一如既往地工作和学习,并坚信"我的时代,即将到来。"

是金子总会发光,事隔 35 年后,即 1900 年,三位植物学家各自独立地经过多年的植物杂交工作,获得了与孟德尔 35 年前所发表的同样结果。整个生物界被轰动了,人们奔走相告,被埋没了 35 年的论文终于得到了世界的承认,孟德尔的名字也突然显赫于世,从此生命科学诞生了具有真正意义的遗传学科,孟德尔的论文闪烁着无穷的智慧之光。

名句箴言

只有人们的社会实践，才是人们对于外界认识的真理性的标准。真理的标准只能是社会的实践。

——毛泽东

遗传规律的发现历程

18 世纪欧洲就开展了大量的植物杂交的实验。德国植物学家克尔罗伊特在 18 世纪 60 年代首先从事各种烟草的杂交试验，发展了人工杂交技术。他发现无论是正交还是反交，杂种的外表都难以区分，由此他指出在决定杂种性质时，两个亲本起着同等的作用。他通过与亲种反复回交的方法，把亲种的性质逐步转移给了杂种。但由于当时受物种不变信念的影响,他的试验结果未得到重视。19 世纪 40 年代德国植物学家格特纳在实验方法和对杂种及其亲种的比较描述方面,较之前人又有了很大的进展。他细致分析了 9000 多个实验的结果,发现纯种之间杂交总是产生相同形态的杂种;认为杂种形成不像一种化学过程,而类似于动物的生殖过程。他早在 19 世纪 20 年代就统计出玉米杂交第二代的性状分离比率为 3.18∶1,但无法给予解释。达尔文曾高度评价格特纳的工作,认为他的研究价值超过了所有其他学者的总和。以后,法国植物学家诺丹在 60 年代发现杂种第一代表现一致,而第二代则出现杂乱的变异,各种类型的数目,完全由机遇决定。认为"配子的纯度"和各种杂交类型的产生都服从于概率定律。

此外,还有一批植物育种工作者长期从事品种间杂交。他们经常研究植物的个别性状,并在许多世代中追踪其结果。其中法国农学家萨热雷于 1826 年就两个甜瓜品种 5 组相对性状做了杂交试验,根据杂交结果,他指出性状的自由组合,并引进了"显性"的概念。另外,这期间欧洲有些育种学家已发现豌豆作为杂交育种实验材料的优越性。以上的大量工作,均为以后发现遗传规律奠定了基础。

奥地利布隆修道院修道士孟德尔对植物杂交和遗传现象很感兴趣,仔细阅读过前人的工作,包括格特纳的著作。他于 1856 年开始从事豌豆杂交试验,由于受翁格尔关于研究变种是解决物种起源的关键这一思想的影响,他采用了种群分析法,而不是研究单个个体。他选择了豌豆品种这一理想材料作为研究对象,又把工作限于彼此间差异十分明显的单个性状的遗传过程,而使实验结果大大便于统计分析。经过 8 年研究,孟德尔于 1865 年 2 月 8 日和 3 月 8 日两次在布隆自然科学协会上报告了他的实验研究结果。反映实验结果的论文《植物杂交的试验》发表在 1866 年《布隆自然科学协会会刊》第四卷上。他的主要结果可概括为:①分离规律。杂交第一代通过自花授粉所产生的杂种第二代中,表现显性性状与表现隐性性状个体的比例约为3:1;②自由组合规律。

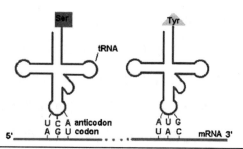

遗传密码

形成有两对以上相对性状的杂种时,各相对性状之间发生自由组合。孟德尔为解释这些结果,提出一些假设。如遗传性状由遗传因子所决定,每一植株含有许多成对的遗传因子;每对遗传因子中,一个来自父本雄性生殖细胞,一个来自母体雌性生殖细胞;当形成生殖细胞时,每对遗传因子互相分开,分别进入一个生殖细胞等等。他的实验结果及其假设表明遗传绝不是融合式的,而是"颗粒式的",亦即决定某一相对性状的成对遗传因子在个体内各自独立存在,互不沾染,不相融合。刊载孟德尔这一突破性的重大研究成果的《布隆自然科学协会会刊》曾被分送到 120 个单位,在欧洲很多图书馆内都可找到这篇论文。他本人还把论文寄给当时植物学界的权威人士内格利。但他的成就对他同时代的生物学家和有关遗传的研究没有产生影响,被埋没了 35 年之后,直到 1900 年才被重新发现。

与孟德尔同时代的达尔文在 1868 年出版的《动物和植物在家养下的变异》一书中,提出"泛生论"的暂定假说,说明他并未看到孟德尔的论文。达尔文设想体内的各类细胞中,均具有代表其自身的胚芽。杂种内的镶嵌特征是亲本胚芽混合所致。他认为在生活周期的任何阶段细胞都可放出胚芽,胚芽随血流循环,通过分裂而增殖并发育成同样的细胞。胚芽也可积累在生殖细胞内,并传递给后代。当环境条件发生变化时,胚芽也会发生改变,并将此新的获得特性传给后代,但是达尔文的这一假说很快就被其表弟高尔顿的输血实验所推翻。

1884 年内格利根据受精卵内卵子原生质多于精子原生质但并不体现出更多遗传性状的事实,推测有两种原生质。

一种称种质。它在卵细胞和精子细胞内是等量的,控制个体发育和系统发育,是遗传性状的携带者和变异的决定者;另一种为营养质大量贮存在卵内,主要起营养作用。内格利的上述观点,对施特拉斯布格、赫特维希、克利克、魏斯曼等后来提出核物质是遗传性状的载体,很有影响。

1691 年，德国植物学家卡梅拉里乌斯发现雌性桑树及移植的一年生山靛在附近没有雄树情况下不能产生种子。1694 年他根据详细观察和移去雄花实验，证明花药是植物的雄性器官，子房与花柱是雌性器官。德国植物学家克尔罗伊特于 1761～1766 年认识到昆虫对传粉的重要作用，他用实验证明当用同种花粉与异种花粉同时向一种植物的柱头传粉时，一般只有前者能起受精作用。1793 年

桑叶和桑椹

德国的施普伦格尔指出由于许多花是雌雄异株的，雌雄同株的花也很可能是雌雄异熟的，因而植物界存在同种不同花之间或同种不同个体之间的杂交。

1830 年意大利天文学家、显微镜制造者阿米奇观

察到花粉管进入子房并进入胚珠的珠孔。1879 年德国植物细胞学家施特拉斯布格确定花粉粒中通常有二核结构,并且他的学生还看到了 3 个核。施特拉斯布格描述了胚囊发育与精卵结合,但不了解另一精子的去向。直到 1898 年俄国植物学家纳瓦申发现被子植物双受精现象,才揭示了受精的全过程。

18 世纪前叶一些学者在隐花植物中寻找与被子植物相似的两性器官。他们发现藓类的精子器和颈卵器相当于被子植物的雄蕊和子房。以后瑞士植物学家内格利于 1844 年发现蕨类原叶体上的相应结构。德国植物学家霍夫迈斯特于 1849 年确定了游动精子与颈卵器内

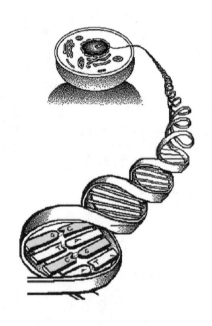

DNA

卵细胞的受精,指出藓类和蕨类的生长发育为有性生殖所中断,成为一种世代交替。这在具有维管束的隐花植物内发生于萌发后不久,而在藓类内则晚得多。1855 年德国

植物学家普林斯海姆首先在一种最普通的藻类中观察到受精的具体过程。

植物营养研究可以说是从黑尔蒙特所做著名的柳树桶栽实验开始的。17 世纪早期比利时人黑尔蒙特把一棵柳树种在一桶土内,只浇雨水,5 年后长到约 170 磅,而桶内土壤损失极少,18 世纪英国的黑尔斯测定了从根吸收的水和从叶面散失的水,以确定蒸腾作用,并与土壤湿度相较,查明了二者的关系。并计算植物茎内水的上升速率,证明与叶子蒸腾速率有关。

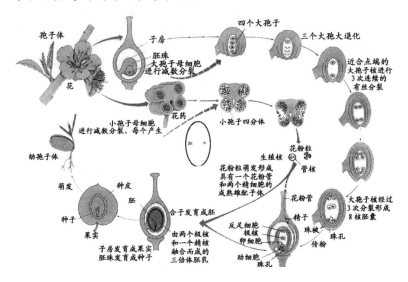

被子植物生活史图示

他于 1727 年提出植物通过叶子吸收空气中的某些成分,使它转变为植物体内的固体成分。1771 年英国牧师和化学家普里斯特利根据容器内不更换空气则燃烧不能持久,动物不能继续存活的实际观察,推测自然界有复原空气的途径,并通过在玻璃罩内放入绿色薄荷的实验证明植物可以恢复因蜡烛燃烧而"损坏了"的空气。继而荷兰人奥地利宫廷医生英恩豪斯于 1779 年在 3 个月内做了 500 多次植物对空气影响的试验,指出植物只能在阳光下通过其绿

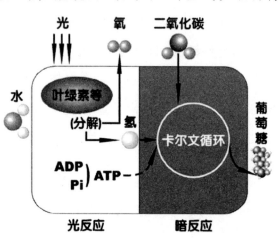

光合反应过程

色部分改善空气,在阴暗处或夜间,植物也会"损坏"空气。1782 年,瑞士牧师塞内比埃证明植物利用溶于水的"燃烧过的空气"可恢复空气的活性。随后,日内瓦的化学家索绪尔于 1804 年指出植物产生的有机物总量及释放的氧远超过所消耗的二氧化碳,由此断定光合作用还必须以水为反应物,从而查明了光合作用是绿色植物以阳光为能源,以二氧化碳和水为原料而形成有机物和氧的过程。1845年德国医生迈尔引入能量概念,指出植物可以把太阳能转

变为化学能贮存起来,成为能量的供给者。随后,德国植物生理学家萨克斯把物质消耗与物质运输和同化作用联系起来进行研究,并总结出叶绿素中的淀粉是同化作用的最初产物,是到处被消耗并贮藏于某些器官内的物质。他指出淀粉不是一次化学变化就产生的,而是在叶绿素内发生一系列化学变化的结果。

细胞遗传学时期

名句箴言

再发现远比不上孟德尔原来的发现，其分量要轻得多。

——科伦斯

细胞遗传学时期

遗传的物质基础曾经被许多科学家命名过，如：1864年英国哲学家斯宾塞称之为活粒；1868年英国生物学家达尔文称之为微芽；1884年瑞士植物学家内格利称之为异胞质；1889年荷兰学者德弗里斯称之为泛生子；1883年德国动物学家魏斯曼称之为种质。实际上魏斯曼所说的种质已经不再是单纯的臆测了，他已经指明生殖细胞的染色体便是种质,并且明确地区分种质和体质,认为种质可以影响体质,而体质不能影响种质,在理论上为遗传学的发展开辟了道路。

孟德尔的工作于 1900 年为德·弗里斯、德国植物遗传学家科伦斯和奥地利植物遗传学家切尔马克三位学者分别发现。1900～1910 年,除证实了植物中的豌豆、玉米等和动物中的鸡、小鼠、豚鼠等的某些性状的遗传符合孟德尔定律以外,还确立了遗传学的一些基本概念;1909 年丹麦植物生理学家和遗传学家约翰森称孟德尔式遗传中的遗传因子为基因,并且明确区别基因型和表型。同年贝特森还创造了等位基因、杂合体、纯合体等术语,并发表了代表性著作《孟德尔的遗传原理》。

从 1910 年到现在,遗传学的发展大致可以分为三个时期:细胞遗传学时期、微生物遗传学时期和分子遗传学时期。

生活在我们这个世界里，不读书就完全不可能了解人。

——高尔基

名句箴言

孟德尔规律重振雄风

1990 年荷兰的德·弗里斯、德国的科伦斯和奥地利的切尔马克 3 人先后分别再发现了孟德尔的遗传规律,并查阅到了被淹没在图书馆文献中达 35 年之久的《植物杂交的实验》原文,把它重新公之于世。从此,孟德尔的发现得到了高度评价,他所发现的遗传规律被称为孟德尔定律,他本人被誉为现代遗传学的奠基人。孟德尔定律再发现的 1900 年则标志着现代遗传学的开始。德·弗里斯和科伦斯都是当时著名的植物学家,对植物杂交和遗传颇有研究,切尔马克则是较年轻的植物育种学家。科学史界一般对前两人的评价较高,尤其是对科伦斯;但无论如何,他们都以自己的工作为基础,充分认识到孟德尔发现的意义。科伦斯曾说过,"再发现远比不上孟德尔原来的发现,其分量要轻得多"。英国遗传学家贝特森立即找到孟德尔的报告,于 1901 年译成英文,从而促使它在英语国家中,更广泛地传播。

名句箴言

书和人一样，也是有生命的一种现象，它也是活的、会说话的东西。

——高尔基

基因论

孟德尔定律问世以后，生物学家以许多其他动植物为材料进行了多方面的实验验证，结果表明孟德尔定律是动、植物界普遍遵循的遗传规律。许多重要的遗传学概念都是在 1900～1910 年间建立起来的。美国细胞学家萨顿于 1902～1904 年和德国的细胞学家博韦里都发现，在雌雄配子形成和受精过程中，染色体的行为同孟德尔假设的因子行为是平行的,从而提出孟德尔式的遗传是以染色体为物质基础的理论。英国的贝特森于 1906 年提出了遗传学这一名词,而且早在 1902 年他就提出了"杂合子""纯合子""等位基因"等重要概念。德·弗里斯则提出"突变"的概念。丹麦生物学家约翰森建立了纯系理论,并于 1909 年提出了"基因""基因型""表型"等名词及概念。从 1901~1905 年美国细胞学家麦克朗、威尔逊和史蒂文斯等证明了动物细胞核有两种粒子:一种含有副染色体;另一种则不含。认为性别就是由这种额外染色体决定的。威尔逊著的《在发育和遗传中的细胞》于 1896 年初版,1900 年再版,到 1925 年第 3 版时几乎完全重写,它对细胞遗传学的发展起了积极的促进作用。

从 1910 年到 20 世纪 30 年代,主要由于美国遗传学家摩尔根其学派的科学贡献,建立起细胞遗传学,丰富并发展了孟德尔定律。摩尔根与威尔逊是同事和密友。他得到威尔逊从学术到行政各方面的支持。摩尔根最初并不信服孟德尔定律,这一方面是出于胚胎学家的偏见,另一方面也因为他所观察到的遗传现象远较孟德尔定律复杂。但他在细胞学和胚胎学基础上,用果蝇为材料进行的大量杂交实验,终于建立起细胞遗传学或染色体遗传学。1910 年摩尔根发现了果蝇的白眼突变型总是同雄性相联系的伴性遗传现象,第一次用实验证明遗传白眼的"基因"是坐落在性染色体上的物质。以后他和他的合作者以及其他单位和国家的遗传学家用果蝇作了大量的系统研究,表明不同的"基因"在遗传过程中有"连锁"现象,同源染色体之间有"交换"现象。他们的大量的杂交实验证明基因在染色体上有固定的位置。通过在显微镜下对染色体的观察和大量实验数据的计算,找到各种基因在染色体上的相对位置(见连锁和交换、基因定位)。1915 年,摩尔根同他实验室里的年轻学者斯特蒂文特、马勒和布里奇斯合著的《孟德尔遗传原理》一书的出版在学术界产生了相当大的影响。1927 年马勒用 X 射线人工诱发果蝇突变,这是第一个被公认的用人工方法改变基因的最有说服力的事例,开辟了遗传研究和实际应用的广阔前景。1933 年,其他科学家发现了唾液腺细胞的巨大染色体。其后,布里奇斯在 1938 年绘制出近 4000 个基因的果蝇染色体图。这些工作对基因论的确立提供了重要依据。

摩尔根于 1928 年修订了 1926 年出版的《基因论》一书,把基因在遗传学上的地位同原子、电子在物理学和化学上的地位相比,把基因论同物理学和化学的理论相比,说:"只有当这些理论能帮助我们作出特种数字的和定量的预测时,它们才有存在的价值,这便是基因论同以前许多生物学理论的主要区别。"这段话基本概括了 30 多年来遗传学的成就。在结尾的一段话中,他提出了"基因是属于有机分子一级"的问题，认为"基因之所以稳定是因为它代表着一个有机的化学实体。这是现在人们能够作出的最简单的假设，并且这项见解既然符合有关基因稳定性的已知实体，那么，至少它不失为一个良好的试用假说"。这一预见在以后的科学发展中得到了证实。

名句箴言

每一本书是一级小阶梯，我每爬一级，就更脱离畜生而上升到人类，更接近美好生活的观念，更热爱这本书。

——《高尔基论青年》

细胞遗传学在苏联一度被否定

当遗传学在欧洲风靡之际，在苏联，以农学家李森科为代表的一方，同以植物学家兼遗传学家瓦维洛夫为代的另一方，在1935年米丘林逝世之后展开了争论。由于李森科得到政治上的支持，特别在1948年8月全苏列宁农业科学院会议后，孟德尔、魏斯曼、摩尔根的遗传学说遭到全盘否定，并被戴上"反动的""唯心主义的""形而上学的"等政治帽子,同时下令停止了有关的教学和研究工作,有关遗传学家的各种职务也都被撤掉。这种情况直到 1964 年才恢复正常。近 30 年的批判和否定,使苏联的遗传学和有关学科从先进变为落后,并且同样地影响了包括中国在内的许多社会主义国家对这一学科的研究。

遗传学的研究范围包括遗传物质的本质、遗传物质的传递和遗传信息的实现三个方面。遗传物质的本质包括它的化学本质、它所包含的遗传信息、它的结构、组织和变化等；遗传物质的传递包括遗传物质的复制、染色体的行为、遗传规律和基因在群体中的数量变迁等；遗传信息的实现包括基因的原初功能、基因的相互作用，基因作用的调控以及个体发育中的基因的作用机制等。

遗传学中的亲子概念不限于父母子女或一个家族，还可以延伸到包括许多家族的群体，这是群体遗传学的研究对象。一个受精卵通过有丝分裂而产生无数具有相同遗传组成的子细胞，它们怎样分化成为不同的组织是一个遗传学课题，有关这方面的研究属于发生遗传学。从噬菌体到人，生物界有基本一致的遗传和变异规律，所以遗传学原则上不以研究的生物对象划分学科分支。人类遗传学的划分是因为研究人的遗传学与人类的幸福密切相关，而系谱分析和双生儿法等又几乎只限于人类的遗传学研究。微生物遗传学的划分是因为微生物与高等动植物的体制很不相同，因而必须采用特殊方法进行研究。更多的遗传学分支学科是按照所研究的问题来划分的。从群体角度进行遗传学研究的学科有群体遗传学、生态遗传学、数量遗传学、进化遗传学等。这些学科之间关系紧密,界线较难划分。杂交是遗传学研究的最常用的手段之一,所以生活周期的长短和体形的大小是选择遗传学研究材料常要考虑的因素。

　　生物化学方法几乎为任何遗传学分支学科的研究所普遍采用,更为分子遗传学所必需。分子遗传学中的重组 DNA 技术或遗传工程技术已逐渐成为遗传学研究中的有力工具。

微物传时
生遗学期

宇宙并不孕育生命，生物圈也不孕育人。

——莫诺

名句箴言

一个基因一种酶

当生物学家弄清楚基因需要酶的帮助才能完成它的功能时，基因和酶之间是什么关系，这一问题又成了急需确定的问题。1941 年，美国生物学家乔治·比德尔和爱德华·塔特姆揭开了这个谜。

比德尔于 1903 年出生于美国内布拉斯加州的一个农民家庭。高中毕业后,比德尔放弃了回乡务农的念头,进入内布拉斯加大学深造。1931 年获得康奈尔大学博士学位后,他先后在加州大学和哈佛大学工作。1937 年,比德尔被斯坦福大学聘为生物遗传学教授,并在那里工作了 9 年。在此期间,他同塔特姆完成了他们伟大的合作。

塔特姆于 1909 年出生,老家在美国科罗拉多州波尔德,父亲是威斯康星医学院的教授。塔特姆在芝加哥大学和威斯康星大学完成了自己的高等教育,1934 年获得生物化学博士,其关于细菌营养和新陈代谢的博士论文为他后来同比德尔的合作打下了基础。塔特姆毕业后来到斯坦福大学生物系,先后任研究助理和

塔特

副教授,最后成为生物化学教授。

1941 年,比德尔放弃了已经进行了两年的果蝇实验,同塔特姆合作,开始将红色面包霉作为研究对象。一般情况下,链孢菌在含有糖、少量维生素 H 和无机盐的培养基中就能很好生长。在它生活周期的一定阶段,链孢菌会产生 8 个

完全相同的孢子。

比德尔和塔特姆在实验中用 X 射线照射链孢菌，他们发现有的孢子会出现突变，而某些突变影响了孢子利用基本物质合成有机物的能力。例如，有的孢子不能像正常的孢子那样产生特殊的氨基酸。比德尔和塔特姆在培养基中添加不同的物质，并观察它是否能使突变的孢子正常生长。根据实验结果，比德尔和塔特姆认为：所有生物体内的一切生物化学过程最终都由基因控制；这些过程都可细分为一系列化学反应；各个反应均以某种方式受单个基因的控制；单个基因的突变只能改变细胞进行某一化学反应的能力。

总结以上观点，比德尔和塔特姆认为每个基因控制且仅控制一种酶的形成。这就是著名的"一个基因一种酶"的学说，该学说为遗传学家普遍接受。由于他们的开创性工作，比德尔和塔特姆与莱德伯格分享了 1958 年的诺贝尔

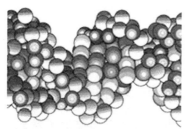

DNA 的 A、B、Z 三种构型

生理学及医学奖。

随着科学技术的发展,X射线成为科学家研究的重要工具。X射线照射晶体分子时形成的衍射图能够帮助人们了解分子的内部微观结构。

英国科学家威廉·阿斯伯里先从细胞中提取出DNA,然后将针扎入有黏性的DNA溶液中,针在抽出时带出由DNA分子组成的多股分子线,每根分子线大致相互平行。对DNA多股分子线进行X射线照射,阿斯伯里在1943年获得了首张DNA的X射线衍射图。衍射图显示DNA具有规律性、周期性的结构。阿斯伯里提出核苷酸的碱基对"如同便士一样"一个压一个摞在一起。

DNA的X射线衍射图为最终揭示其结构奠定了基础。

读书在于造成完全的人格。

——培根

名句箴言

『操纵子』学说

20世纪中期,有一位杰出的分子生物学家,他就是——雅克·莫诺。他和雅各布等人一起在分子水平上探讨了基因的调控机制,提出了操纵子理论。这一理论在生物学史上具有划时代的意义,其重要性有人认为不亚于沃森—克里克的DNA双螺旋分子模型。他的科学成就和极富传奇色彩的一生给人留下了深刻的印象。

站在巨人肩上——从摩尔根谈遗传基因

雅克·莫诺于 1910 年 2 月 9 日生于法国巴黎。父亲卢森·莫诺是画家,爱好音乐和读书,对达尔文进化论有特殊兴趣,对莫诺影响很深。母亲是苏格兰血统的美国人。莫诺是家庭四个孩子中的第三个。1917 年几经辗转后全家定居于法国东南地中海城市戛纳。在进大学前莫诺一直在这里受教育。1929 年,莫诺进入巴黎大学生物系,1931 年获学士学位。在北部生物实验站实习期间,莫诺结识了泰瑟尔、拉普金、莱沃夫和埃弗鲁西四位法国生物学家,他们对莫诺的科学生涯具有十分重要的影响,特别是莱沃夫一直是莫诺的老师、同事和终生挚友。

莫诺大学毕业后受过一年微生物学训练,研究过三年单细胞纤毛虫,还到过格陵兰进行生物学考察。1934 年成为巴黎大学动物实验室助教。1936 年,埃弗鲁西得到洛氏基金会资助在法国发展遗传学,他看中了莫诺,便带他到美国摩尔根实验室学习一年。在那里,莫诺深受摩尔根小组学风的影响,也从此进入遗传学研究领域。

莫诺回国后仍到巴黎大学动物实验室,在泰瑟尔领导下准备博士论文。从 1937 年起,他听从莱沃夫的劝告和指导,改用大肠杆菌进行生理学研究。在实验中,他发现了所谓"二阶段生长曲线"的现象,这实际上已经是莫诺关于基因调控研究工作的开端。

1938 年,莫诺与布鲁尔结婚。她是一位考古学家,对中国西藏和尼泊尔艺术有专攻,后来成为一座博物馆馆长。他们生有一对孪生子,后来一个成为物理学家,一个成了地质学家。

二战爆发,巴黎沦陷。莫诺参加了反法西斯的地下抵抗运动,科学研究工作时断时续。1941年夏,莫诺取得博士学位。他把犹太血统的妻子和两岁的孪生子送到乡村,自己留在巴黎坚持斗争。由于敌人的搜捕,1943年莫诺被迫离开巴黎大学,转到巴斯德研究所莱沃夫实验室,一边从事反法西斯斗争,一边研究细菌中的适应酶问题。

1944年底,战争结束,莫诺退役回到巴黎大学,全力投入科学研究。由于他的工作不为学校重视,1945年秋他又转到莱沃夫所在的巴斯德研究所,在微生物生殖实验室继续其大肠杆菌生理的研究。1953年任细胞生物化学系主任,1971年任巴斯德研究所所长,直至1976年逝世。

莫诺

莫诺关于基因调控理论的研究,始于1937年他用糖液培养大肠杆菌过程中发现的所谓"二阶段生长曲线"这一异常现象。本来,用各种单糖、双糖或其混合物为能源培养细菌,其生长速度是糖浓度的函数。但是,当莫诺用葡萄糖和乳糖同时作为能源时,曲线开始上升,在葡萄糖用完时,曲线变得平坦,过一段时间以后再上升。这就是所谓"二阶段生长曲线"。莫诺开始以为是发生了某种抑制作用。但莱沃夫告诉他,消化乳糖的酶需要一段时间以后才出现,类似于早先有人提出过的"酶的适应作用"。莫诺在相当长的时间里受这一思想影响,直到1943年,莫诺在研究了前人的许多实验和假说的基础上仍然认为,他在细菌中发现的二阶段生长曲线是表明酶的适应作用的一种特殊生化模式。可以说,莫诺从1943年开始,一直坚持的指导思想是:"适应酶"是由于对"底物"的适应,是从体内已经存在的"前体"转变而来的。但是到1948年,由于他和美国纽约大学的科恩的合作研究,他宣布放弃"酶的适应作用"的概念,建立起"酶的诱导作用"的概念,亦即分解乳糖的酶是由于"底物"的诱导产生的。"适应酶"也从而改称"诱导酶"。这时,莫诺发现在乳糖代谢中不是只有一种酶而是有三种酶的共同参与。除了半乳糖苷酶外,还有半乳糖苷通透酶和半乳糖苷转乙酰酶。这三种酶都由一个共同诱导物激活,莫诺推论控制这三种酶合成的基因在染色体上必定是相邻的。

1950年,原来学习外科医学的弗朗索瓦·雅各布由于兴趣的驱使,到莱沃夫实验室作研究生。他思想活跃,善于钻研,长于实验。他的到来,促进了莫诺的研究。特别是他建立的细菌有性繁殖遗传实验分析方法对莫诺乳糖体系研究计划的开展起了关键作用。1957年9月,更由于美国加州伯克利大学病毒实验室的帕迪利用休假来到莫诺实验室工作,使他们三人有机会得以共同进行一项用细菌遗传分析研究乳糖体系的计划,这就是在科学史上十分有名的所谓"Pa Ja Mo实验",Pa、Ja、Mo分别由三个人姓名的前两个字母拼成。这一实验对乳糖操纵子理论的建立起了决定性的作用。

"Pa、Ja、Mo实验"的基本内容是:将能合成半乳糖苷酶的细菌与不能合成该酶的细菌,以及加入诱导物后能合成该酶的细菌与不需诱导物就能合成该酶的细菌,进行相互之间的交配,记录酶产生的时间和酶活性的增长速度,找出相互之间的关系。这是由帕迪、雅各布、莫诺三人合作进行的一系列实验,主要由帕迪实际操作,是一项既花费时间和精力又十分枯燥乏味的劳动。然而,对这一系列实验结果的解释,却导致了一个崭新的遗传理论——基因调控理论的提出。

这一理论认为,在大肠杆菌中,控制乳糖代谢的三个结构基因是在细胞染色体的相邻位置上,受同一"开关"的控制,因为这三种酶的产量总是相关的,而且这些基因的排列是顺型的。决定开关的基因被称为"操纵基因"。操纵基因位于三个结构基因的与z相邻的一端。操纵基因与结构基因组成一个操纵子。过去作为诱导基因的i,实际上是一个调节基因,决定着一种阻遏物的生成,并区别于直接决定蛋白质结构的结构基因。i 基因位于 o 基因的另一端，o 基因则在 i 和 z 两基因之间。开关调控的机制是：当细菌细胞内诱导物不存在时，i 基因产生的阻遏物阻止了操纵基因的开动，mRNA 不能转录结构基因上的密码，蛋白质的合成不能进行，即这时三个结构基因都处于"关闭"状态。但是在加入诱导物后，i 基因产生的阻遏物与诱导物结合而失活，操纵基因随之开动，mRNA 的转录开始，蛋白质合成进行，分解乳糖的三种酶得以产生。当细胞中乳糖被分解完后，阻遏物又恢复其活性状态，又重新阻止操纵基因的开动。这个既有实验又有理论的长篇报告，题为《蛋白质合成的遗传调节机制》，由莫诺执笔，与雅各布联合署名，发表在 1961 年英国的《分子生物学杂志》上。

这篇报告是第一篇系统论述在基因水平上调节控制的科学文献，包括了从适应酶开始到操纵子理论建立的全部内容。在该文中，莫诺和雅各布第一次预言了 mRNA 的存在和作用，并很快由雅各布和布伦纳用实验证实。它丰富了"一个基因一个酶"的理论。这份报告是 1960 年 12 月完成的，尽管这时有关蛋白质生物合成的各种假说已被分子生物学界所接受，但实验的直接证据还不很充分，第一个被破译的遗传密码的实验结果还是在 1961 年夏天才宣布的。所以，在这个时间莫诺和雅各布提出乳糖操纵子理论，阐明基因调节控制蛋白质的合成，其创见性和洞察力确是惊人的。

莫诺和雅各布提出的乳糖操纵子模型是分子遗传学中继 DNA 分子结构以来的另一项重大成就,在发表时,生物学界反应之强烈,较之 1953 年沃森和克里克的 DNA 双螺旋模型实有过之。它开创了基因调控机制的研究,预言了 mRNA 的存在,导致 mRNA 的证实,从而使遗传密码的实验研究得以开始,因而使分子遗传学的整个体系得以建立,其意义十分深远。莫诺、雅各布和他的导师莱沃夫也"由于酶的遗传控制和病毒合成方面的发现",在 1965 年荣获诺贝尔生理学或医学奖。他们三人都是法国人,不仅为法国科学界也为法国人争得了光彩,因为这是自 1935 年约里奥 – 居里夫妇获化学奖的 30 年后法国人再次获奖。

莫诺于 1976 年 5 月 31 日在戛纳患白血病去世,享年 66 岁。

莫诺在科学史上享有崇高的地位。他不但是遗传调控理论——操纵子学说的创立者,而且还有着其他方面的重要建树,如他建立了蛋白质的变构理论。在上世纪分子生物学家的精英中,他和克里克同时被誉为"理论家"。在莫诺去世后,他的老师和挚友莱沃夫曾颂扬说:他不仅有一系列伟大发现,而且每一发现都产生了新概念,开辟了新前景,他不仅是一位才华横溢的科学家,而且是一位声誉卓著的学派奠基人。

1940～1960 年,是微生物遗传学时期,从 1941 年比德尔和塔特姆发表关于脉孢霉属中的研究结果开始,到 1961 年法国分子遗传学家雅各布和莫诺发表关于大肠杆菌的操纵子学说为止。

在这一时期中,采用微生物作为材料研究基因的原初作用、精细结构、化学本质、突变机制以及细菌的基因重组、基因调控等,取得了已往在高等动植物研究中难以取得的成果,从而丰富了遗传学的基础理论。1900～1910 年人们只认识到孟德尔定律广泛适用于高等动植物,微生物遗传学时期的工作成就,则使人们认识到遗传学的基本规律适用于包括人和噬菌体在内的一切生物。

雅各布和莫诺都是法国科学家。莫诺 1931 年毕业于巴黎大学生物系,1937 年在巴黎大学当研究生时,发现乳糖可诱导大肠杆菌中代谢乳糖的酶的生成,1941 年取得博士学位。1945 年莫诺正式转到巴斯德研究所继续从事有关大肠杆菌生理的研究。到了 50 年代,由于莫诺实验室及另一噬菌体实验室所获得的成就,巴斯德研究所逐渐成为国际分子生物学界公认的一个中心,经常有各国学者来此访问。1950 年,原来学外科医学的雅各布到噬菌体实验室当研究生。他常和莫诺共同讨论科学问题，两人的关系逐渐密切，终于成了合作研究的伙伴。1957 年，雅各布和莫诺共同提出了用细菌遗传分析的方法研究乳糖体系的计划，并付诸实施。经过他们的努力和一些学者的帮助，于 1961 年初正式建立了一个多基因控制模型。其主要内容是：调节基因决定着阻遏物的生成，直接决定蛋白质结构的是结构基因。操纵基因位于调节基因和结构基因之间。当诱导物不存在时，阻遏物阻止了操纵基因的开动，结构基因不能转录出信使 RNA，蛋白质的合成不能进行。加入诱导物后，阻遏物失活，操纵基因随之开动，信使 RNA 开始转录，蛋白质的合成开始进行。雅各布和莫诺的关于诱导酶及操纵子理论的长篇报告是第一篇论述在基因水平上调节控制的科学报告和第一次提出信使 RNA 的存在和作用，也修正了"一个基因一个酶"的概念。他们完成报告的时间是 1960 年 12 月，这时有关蛋白质合成的假说虽已被广泛接受，但是直接的实验证据还有待充实，第一个破译遗传密码的实验于 1961 年夏才被公开报告。因此，这篇报告的创造性和洞察力深受国际生物学界的赞扬，不足的是论文认为阻遏物可能是 RNA。现已证明，操纵子是原核细胞中普遍存在的基因调节模式。雅各布和莫诺共同分享 1965 年度生理学医学诺贝尔奖。

分 子 遗 传 学 时 期

名句箴言

图书馆使我得以持恒地研习而增进我的知识，每天我停留在里面一两个钟头，用这个办法相当的补足了我失掉的高深教育。

——《富兰克林自传》

分子遗传学的缔造者

摩尔根及其弟子们将基因定位在染色体上。基因研究发展到细胞学水平之后，遗传学面临的历史任务便是解决"基因究竟是什么"的问题了。摩尔根在他的经典著作《基因论》中，就已经提出"基因是某种化学实体"的猜测。

摩尔根及其弟子尤其是缪勒相信,基因是某种化学分子,基因是通过化学过程而起作用的。他们进而认为,经典的物理学和化学方法最终能说明生命现象。

研究基因的化学本质,单靠遗传学的力量还远远不够,需要有生物化学家与物理学家的加盟。不同领域的科学家从不同方向朝基因的分子水平进军,在分子遗传学的酝酿时期形成了三大学派:信息学派、生化学派和结构学派。

信息学派

1.德尔布吕克

德尔布吕克是信息学派的先驱者之一。德尔布吕克曾经是丹麦著名物理学家、诺贝尔奖获得者玻尔的研究生。1932年,玻尔在哥本哈根举行的国际光疗会议上发表了《光和生命》的著名演讲,应用物理学的概念来解释生命现象。在当时,人们很难理解玻尔这些科学思想的意义,一些听讲的生物学家甚至不知所云。然而,玻尔以一种天才的直觉能力,借助于量子力学的范例,预感到在生物学中将有某些新的发现。这无疑给人们一种深刻的启示,并向当时的物理学家和生物学家提出了挑战。

德尔布吕克受到这个著名演讲的启发,使他"对于广阔的生物学领域将揭示的前景充满了热忱,并准备迎接挑战",转而研究生物学,"选择了一条把遗传学与物理学结合在一起的道路。"1935年,德尔布吕克与苏联遗传学家梯莫菲也夫·雷索夫斯基和物理学家齐默尔合作,应用物理学概念研究果蝇的 X 射线诱变现象,建立了一个突变的量子模型。他们三人共同署名的论文题为《关于基因突变和基因结构的性质》,刊登在德国哥廷根的科学协会通讯上,这篇论文代表了德尔布吕克的早期生物学思想,可以认为是量子遗传学的最早端倪。1937年,德尔布吕克带着洛氏基金的资助,前往美国加州理工学院——当时世界的遗传学中心。在加州理工学院,德尔布吕克与摩尔根及其弟子们交往甚密。他犹豫不决地接受了基因作为"分子"的看法,但同时坚持,这种"分子"绝不是处于随机碰撞和化学平衡中的分子,细胞中的化学反应是高度专一的,各个反应彼此常常保持独立。尤其重要的是,基因仅以一个或两个副本存在,它不可能是满足一般化学平衡所需的大量分子,而且基因代代相传,在结构上异常稳定,抵御着不确定性的降解。这一切对于物理和化

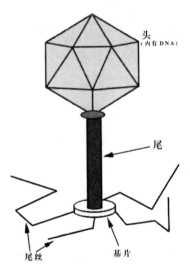

头
（内有DNA）

尾

尾丝　　基片

噬菌体

学来说是反常的。在德尔布吕克这些独创性的想法中,看不到玻尔互补原理或统计决定论思想的痕迹;相反,却看到了生命的确定性和因果性。

德尔布吕克想采用最简单的生物来探讨"基因的化学本质是什么"的问题。然而,摩尔根研究的果蝇使他感到一筹莫展,果蝇过于复杂而不适应于物理学家惯有的简单性思维。1938年,一种寄生于大肠杆菌中的小小病毒——噬菌体,闯入了德尔布吕克的生活。德尔布吕克与噬菌体可谓"一见钟情",噬菌体碰上了德尔布吕克经过长期物理学方法论训练的有准备的头脑。噬菌体在分子生物学中的地位,犹如氢原子在玻尔量子力学模型中的地位,氢原子只有一个核外电子和一个核内质子。用噬菌体作生物学研究材料有着极大的优越性:它易于繁殖,在半小时内,就能依赖一个细菌细胞繁殖出数百个子代噬菌体;在培养基中,因为它们分解细菌而出现透明的噬菌斑,因而易于计数;噬菌体只含有蛋白质外壳和核酸内含物两种生物大分子,结构异常简单——氢原子结构与噬菌体结构惊人的可比性以及在玻尔和德尔布吕克师徒两人开创性成就中的作用之类似,难道仅仅是历史的巧合吗?噬菌体的特性符合德尔吕布克的想法:"在每一个有机体中,所发现的许多高度复杂和特殊的分子,其起源有一个极大的简单性。"德尔布吕克与另一位生物学家爱利斯一道发展了研究噬菌体的方法以及分析实验结果的数学方法。

2.卢里亚

萨尔瓦多·爱德华·卢里亚是一位充满了人文精神的分子遗传学家,1912年出生于意大利都灵一个犹太中产阶级家庭。他在都灵大学的医学院完成大学学业,1937年去罗马师从当时意大利的物理学新星费米,希望通过生物物理学走向生物遗传学,结果却因微生物家瑞

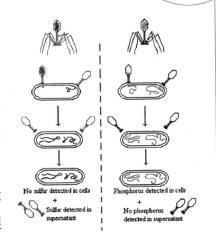

No sulfur detected in cells
+
Sulfur detected in supernatant

Phosphorus detected in cells
+
No phosphorus detected in supernatant

噬菌体侵染细菌的实验

塔而"结识"了噬菌体。1938年,卢里亚到巴黎,做了一段时间的噬菌体研究工作。1940年巴黎沦陷后,卢里亚来到美国。1943年1月,卢里亚前往布鲁明顿的印第安纳大学,在一次著名的教师舞会上,他想到了如何证明细菌基因的突变。不久,他便与德尔布吕克合作发表了著名的"卢里亚—德尔布吕克波动试验"。这是信息学派的一项开创性成果。

卢里亚的第二项发现是X射线"致死"噬菌体的重组修复。卢里亚和德尔布吕克在合作中,发现了一些无法解释的现象,一些被X射线操作致死的噬菌体经过一段时间的沉默之后又奇迹般地复活了。1946年,卢里亚进一步研究

表明:这种致死噬菌体复活必须同时有两个或多个存在才能成功,原来这两个或多个噬菌体仍能感染细胞并在细胞中进行重组,重组的结果得到了一个具有破坏细菌功能的"活"噬菌体。打个比方说,两根在不同部位破损的竹竿,若分别把好的部位截下并拼接起来可以得到一根没有破损的竹竿。卢里亚关于噬菌体重组现象的发现第一次表明,噬菌体也是有基因的,因为重组也是基因的行为特征之一。

卢里亚的第三项成就是细胞基因限制的发现,那是另一次偶发事件。1952年,他得到了一种特别的突变菌,噬菌体可以感染并杀死它,但并不释放出噬菌体来,卢里亚一直无法解释这一现象。一天,卢里亚不小心将装有被噬菌体感染的大肠杆菌的试管打碎了——卢里亚的动手实验能力似乎并不强——他到隔壁借来了痢疾杆菌,他认为结果应该大致相同。结果被感染的痢疾杆菌释放出了噬菌体。这一结果使卢里亚感到既迷惑又兴奋,后来秘密揭开了:噬菌体在突变菌中被修饰了而不能生长,只有到其他菌种上才能繁殖。亚伯等人于20世纪70年代在分子水平上解开了这一谜团:细菌的酶对于入侵噬菌体DNA发生作用,将其切成小片段。而这些DNA被特殊修饰"标记"后就不会被切割了。亚伯找到了这种切割的酶,叫作限制性内切酶,它能识别DNA顺序上特定的DNA位置并在这个地方切割。这种酶后来被广泛地使用于基因工程中,亚伯因此荣获了

1978 年度诺贝尔奖。

德尔布吕克与卢里亚的重要贡献是证明了噬菌体和细菌都有基因,以及选取了一种恰当的生物学研究材料,从而为分子生物学的诞生奠定了坚实的基础。德尔布吕克和卢里亚于 1969 年荣获诺贝尔奖。

3. 薛定谔

德尔布吕克早期工作中关于基因突变的量子模型,激发了另一位诺贝尔奖获得者、著名的奥地利物理学家、量子力学的奠基人之一薛定谔对生命问题的兴趣,使他对于将物理学理论应用于生物学充满了乐观和希望。1943 年,薛定谔应邀在爱尔兰都柏林大学作了题为"生命是什么?"的一系列演讲,讲稿于次年汇册出版,在科学界引起了强烈的反响。薛定谔在《生命是什么》这本小册子中开宗明义地宣称,他的目的是希望探索这样一个重大的理论问题:"在一个生命有机体的空间范围内,在空间和时间上发生的事件,如何用物理学和化学来解释。"

薛定谔在德尔布吕克的量子力学突变模型的基础上,进一步论证了德尔布吕克关于基因是生物大分子的思想。薛定谔还进一步指出,生物细胞内的遗传基因被一个"能障"保护着,外界因素如果要引起遗传物质发生突变,必须越过这一能障——一个量子化了的很高的能垒。高能辐射可以越过这一能垒,引起遗传基因中 10 个原子距离立方体内的"爆炸事件",导致基因中的量子跃迁过程,从而成为突变基因。

在《生命是什么》一书中,薛定谔最先提出遗传密码传递的概念,并且认为这种密码贮存在"非周期性晶体"——具有亚显微结构的染色体纤丝中。薛定谔说,这种贮存着密码的非周期性晶体,正是生命的物质载体。这简直可以说是薛定谔对后来发现的遗传物质 DNA 特性的预言。一般的无生命物质的晶体,总是由一定的晶体结构周期性地重复排列而成。DNA 分子中虽然也存在核苷酸单体排序的重复顺利,但主要的一级结构是"非周期性"的单一顺序,唯其如此,才能贮存大量的信息。

薛定谔应用热力学和统计力学等物理学理论来解释生命的本质,最先提出负熵的概念及其与生物生长和进化的关系。他的"生物赖负熵为生"的名言,至今仍然脍炙人口。

薛定谔的《生命是什么》比玻尔的"光和生命"的演讲影响更大,吸引了一大批优秀的物理学家转向生物学的研究,DNA 双螺旋模型的提出者克里克就是其中之一。克里克曾经这样评价:"对于那些在第二次世界大战后进入到这个领域的研究者来说,薛定谔的小书似乎曾产生了特殊的影响。其主要观点——生物学需要用化学键的稳定性和量子力学来解释这一点,只有物理学家才会理解。这本书写得非常出色,分子的解释不仅是十分需要的,而且它们就在眼

前。这就吸引了那些原先根本就不会进入生物学领域的
人们。"

20 世纪 40 年代末期,诞生了控制论和信息论,导致人
们应用控制论和信息论的概念来探讨遗传学中的某些理论
问题。在这种气氛的刺激下,同时由于受到薛定谔关于遗
传密码思想的启发,著名的美籍俄裔科普作家兼理论物理
学家盖莫夫在 1954 年通过排列组合的计算,从理论上预言
了遗传密码子是核苷酸的三联体。

信息学派的先驱德尔布吕克与薛定谔都是物理学家,
他们从物理学的观点来探索生命现象与遗传现象的本质,
不仅为分子遗传学的诞生准备了前提,也开创了"生物物理
遗传学"的研究领域。

生化学派

1. 伽罗德

1908 年,英国医学生化学家伽罗德在伦敦皇家学会主
办的克鲁尼安讲座上发表过一篇题为"代谢的先天错误"的
演讲;1909 年他又就此发表了一系列论文。后来,伽罗德一
共找到了四种代谢失调症,称为"代谢疾病"。他特别关注
到其中一种"黑尿病",他注意到一系列化学反应在某个地
方被阻断了,尿黑酸不能沿正常的代谢途径转化为其他物

质而排出体外,使尿呈现出黑色;阻断的原因是缺乏尿黑酸氧化酶。在著名遗传学家贝特森的帮助下,他调查了这一病例的家史,发现它符合孟德尔遗传规律。1914 年,伽罗德的一位合作者清楚地证明,所有正常人都能分离出这种氧化酶,而所有病人中却没有。

伽罗德的工作清楚地表明,代谢的障碍与基因之间存在着确定的关系,然而他的工作却被忽视达 30 年之久。如果说贝特森对伽罗德的工作没有产生太大的兴趣的话,那是可以理解的,因为他终生反对把基因当作为具体的物质,反对把基因定位于染色体,更不用说化学分子上。可是,渴望了解基因化学本质的摩尔根学派也置若罔闻,就使这个问题成了千古之谜。

下面的原因都可能影响经典遗传学家对伽罗德的理解:

第一,伽罗德的研究工作没有与那些相信基因是分子的遗传学家们进行交流。在当时,会议、实验室之间的交往以及由此而引起的出版交往是学术交往的主要途径;伽罗德除了接触否认基因物质性的贝特森之外,几乎没有接触任何有影响的经典遗传学家。

第二,伽罗德研究的选材是人,而经典遗传学家则倾向于果蝇、玉米或豌豆。

第三,伽罗德的研究是一个生理过程,而经典遗传学家却研究明显可见的性状。

第四,经典遗传学家已经把遗传学推向了细胞水平,而伽罗德没有关于细胞学的任何研究,甚至没有确定这些化学反应是发生在细胞内还是细胞间。

第五,经典遗传学家设想化学过程过于复杂,认为基因对性状或功能的作用是通过一系列化学过程实现的,或者一个性状联系着多个基因,如上章提到的摩尔根的基因调控思想。伽罗德的一步化学反应就导致功能失调的概念似乎是难以置信的。这一思想恰恰是复杂性的生命隐喻在经典遗传学家头脑中所起的消极作用。

2. 比德尔

经典遗传学的语言系统与物理学语言系统似乎必须经历一个艰难的磨合过程,找到一个合适的生长点,才能为大多数人接受。时势造就了乔治·比德尔这位生化学派的英雄。

当经典遗传学的发展如火如荼的时候,比德尔还是内布拉斯加州农场的一位青年,1922 年后,他到了内州大学,这时期他遇上了刚从康奈尔大学回来的凯姆教授并担任其研究助理,从事小麦杂交的研究。当时,康奈尔大学以研究农作物的遗传学而闻名,是植物遗传学的中心,可以与哥伦比亚大学的摩尔根学派相媲美。在凯姆的坚持下,比德尔到了康奈尔大学,与麦克林托克一道种植玉米,他的课题是"决定玉米花粉不育的遗传机制",这是一个十分难啃的世纪难题,其机理至今仍未完全弄清楚——幸好比德尔及时地离开了它。麦克林托克本人也放弃了这个当时无法解决的问题,转而研究玉米染色体的行为,后来终于发现基因的跳跃性而荣获诺贝尔奖。

1928年,全力以赴地在地里种植和收割玉米的比德尔,参加了由纽约植物园一名科学家多吉举办的讨论会,那时这位科学家正在用一种真菌——红色面包霉作遗传杂交实验,他观察到一些很有意思的分离现象。比德尔猜测这可能与摩尔根的学生布里奇斯关于果蝇异型染色体交换机制有关;在后来的研究中,比德尔并没有找到这两者间的确切联系,但红色面包霉却在他脑海中留下了深刻的印象。摩尔根曾接受多吉的劝说,让他的一位研究生全力研究这种真菌,而他自己却没有给予太大的关注,这项研究也没有太大的发现——这是1931年的事情,比德尔正在帕萨迪纳作他的博士后,他同当时的摩尔根一样,似乎对红色面包霉没有太大的兴趣,正全力研究果蝇遗传学。

1933年,遗传学家伊弗雷斯获得洛氏基金的资助来到加州研究果蝇遗传学和胚胎学之间的关系,比德尔开始加盟这一行列,并进行了一些开创性的尝试。他们研究了果蝇成虫器官移植对性状发育的影响,并成功地将一只果蝇的眼睛移植到另一只果蝇身上,他们为此还在咖啡馆中庆祝一番。

1935 年，他们在巴黎继续着他们的研究，他们把一只果蝇眼色基因发生了突变的眼芽移植到另一只眼色突变型的果蝇胚胎上，结果长出来的眼睛的眼色是野生型的。他们接着做了大量的突变体移植，令人困惑的结果使他们开始思索眼色的化学机制并由此更深入地思考遗传的化学机制。

眼睛之所以能显现出颜色，乃是由于其中含有一种化学物质即色素，色素物质是体内一系列化学反应的结果。他们设想至少存在着两步化学反应，其中基因 A 控制物质 a 的生成，基因 B 控制物质 b 的生成，而 a 是 b 的前体物质，b 又是野生型眼色的前体物质。他们一开始的突变体

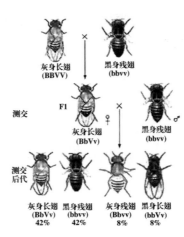

雌果蝇的连锁交换遗传

移植是把 A 突变而 B 完好的果蝇眼芽移植到 A 完好而 B 突变的果蝇胚胎上，两者刚好镶嵌互补为野生型。如果 A 和 B 均被破坏，那么果蝇的眼睛就没有色素，表现为白眼。然而让人感到奇怪的是，他们并没有提出基因如何实现这种控制的假说。

结构学派

生化学派给基因的生物化学功能勾画了一个粗略的轮廓。但在物理学家眼里，是结构决定着功能，对结构了解得越精细，则从其中推导出功能信息的可能性就越大，准确性越高。这就是当时概念尚未十分明确但气氛却非常浓郁的还原论。

结构学派的根据地是英国剑桥大学著名的卡文迪许实验室。1937 年，劳伦斯·布拉格爵士接替刚去世的卢瑟福，担任该室的第四任首席教授。劳伦斯·布拉格与他的父亲威廉·亨利·布拉格一起，应用 X 光衍射法研究晶体的结构，提出有名的布拉格公式。早在1915 年当他 25 岁时，就与他的父亲共同荣获了诺贝尔物理学奖。

英国实验科学家卡文迪许

在布拉格的领导之下，卡文迪许实验室聚集了一批从事蛋白质晶体学研究的科学家，其中有贝纳尔、佩鲁兹和肯德鲁等。

一个蛋白质分子由一条到几条肽链组成。肽链是由许多不同氨基酸分子缩水而生成的长链。这些长链很清楚地折叠起来，构成各种各样的形态，如近球状的、纤维状的，等等。这些折叠往往要经过好几次，犹如一个很长的弹簧或软发夹，必须进一步折叠才能放入工具箱或化妆盒一样。

布拉格小组早初得出的蛋白质分子结构模型，是一个错误的模型。他们犯错误的原因是，把所有模型都做成了整数倍轴，即一个螺旋中包含着整数个氨基酸单位。这大概是毕达哥拉斯主义的幽灵在作怪。

成功的模型却在美国产生了。鲍林当时是加州理工学院的教授。他最先将量子力学应用于化学键的研究，得出关于有机化合物分子结构的"共振论"，荣获 1954 年的诺贝尔化学奖。当时，他正领导着一个很有才华的研究小组，应用有机化学理论研究生命现象。鲍林在构建蛋白质分子的结构模型时，并不试图让螺旋轴整数倍化，而是任其自然地折叠。按鲍林模型，每螺旋包含 3.6 个氨基酸，这就是有名的蛋白质 α 螺旋模型。鲍林把这一模型与当时已知的一些多肽链的 X 射线衍射图进行了比较，发现能很好地符合。他们的成果发表在 1951 年《美国科学院院刊》上。后来，大量的证据充分证明了鲍林 α 螺旋模型的正确性。

两年之后，1953 年，两位青年科学沃森和克里克应用类似的方法建立了脱氧核糖核酸分子结构的有名的双螺旋模型。DNA 作为基因的化学本质也已在 1944 年得到证明。这时候,信息学派、生化学派和结构学派开始合流,相互融合,终于将基因研究推向分子水平,推动了分子遗传学的诞生和发展。

名句箴言

和书籍生活在一起，永远不会叹气。

——罗曼·罗兰

摘取ＤＮＡ桂冠的竞争

确认 DNA 是遗传物质

20 世纪 40 年代，人们对 DNA 有了正确的认识。这是由两个著名的实验引发的。

一个是 1944 年美国细菌学家艾弗里及其同事进行的肺炎球菌实验。他们认识到，DNA 就是遗传物质，而过去则认为蛋白质是遗传的基础。所以，有人以前称艾弗里的实验标志着 DNA"黑暗时代"的结束和"分子遗传学"的开始。还有人称,艾弗里是分子遗传学的鼻祖。

另一个是 1952 年美国微生物学家赫尔希等人进行的噬菌体感染研究。当人们为艾弗里的实验而激烈争论时,赫尔希等人在考虑,能否将蛋白质和 DNA 完全分开,单独观察 DNA 的作用呢?关于噬菌体的研究证实,进入细菌细胞的噬菌体是核酸,进而说明,携带遗传信息的是核酸,而不是蛋白质。噬菌体的 DNA 不但包括噬菌体自我复制的信息,而且包括合成噬菌体蛋白质所需要的全部信息。此后,再也无人怀疑 DNA 是遗传物质了。赫尔希因此获得了 1960 年的诺贝尔医学和生理学奖。

(1) 将无毒性的 R 型活细菌注射到小鼠体内,小鼠不死亡。

(2) 将有毒性的 S 型活细菌注射到小鼠体内,小鼠患败血症死亡。

(3) 将加热杀死后的 S 型细菌注射到小鼠体内,小鼠不死亡。

(4) 将无毒性的 R 性活细菌与加热杀死后的 S 型细菌混合后,注射到小鼠体内,小鼠患败血症死亡。

肺炎双球菌的转化实验

值得提及的还有查可夫。在 20 世纪 40 年代,他首次利用一些先进的分析方法,完成了关于 DNA 的 4 种碱基量的测定工作。查可夫得到的规律对最终搞清楚 DNA 的结构具有重要的启发作用。

解析 DNA 结构

20 世纪 30 年代末,学者们开始应用 X 光衍射技术来研究生物大分子的结构,形成了分子生物学中的结构学派。结构决定着功能,对结构了解得越精细,则从中推导出功能信息的可能性就越大,准确性就越高。这就是当时生物学中观念尚未十分明确但气氛却非常浓郁的还原论。

在蛋白质分子结构模型的基础上,学者们开始应用 X 光衍射法来研究 DNA 的分子结构,其中贡献卓著的当数威尔金斯和富兰克林。

威尔金斯于 1915 年出生于新西兰,他的父母是爱尔兰人,威尔金斯 22 岁时毕业于英国剑桥的圣约翰大学物理系,24 岁在伯明翰大学获物理学博士学位。他自己曾追述说,在剑桥时,"我对固体的结构及其依赖于这种结构的特殊性质非常感兴趣。"20 世纪 40 年代中期,当威尔金斯读到薛定谔的《生命是什么》一书时,非常兴奋,感受到控制生命过程的复杂分子结构的概念的强烈冲击,从此步入了生物学的殿堂。1950 年,威尔金斯担任英国皇家学院生物物理学部的助理主任,并开始进行 DNA 分子的 X 光衍射研究。

第一幅 DNA 的 X 光衍射照片是由先驱者阿斯特伯里在 1938 年得到的,但这中间停顿了几十年。到威尔金斯小组重新研究这个问题时，已是 20 世纪 50 年代了。1950 年，威尔金斯得到伯恩实验室作为礼物送来的一份纯净的 DNA。这份 DNA 呈胶状，是一种黏性物质。当威尔金斯用玻棒点了一下，然后拿开玻棒时，他发现玻棒"带出一条细得几乎看不见的 DNA 纤维，就像蜘蛛丝一般"。这些纤维表明其内部分子具有有序的排列。威尔金斯和他的研究生戈斯林立即用 X 光衍射设备拍摄了 DNA 纤维产生的图样照片，他们得到的照片比阿斯特伯里的要精美得多。其中一个主要原因就是他们保持了 DNA 纤维的湿润状态，而阿斯特伯里研究的是干了的 DNA 薄膜。DNA 的 X 光衍射照片中有明显的几组点组成了十字的一横，提示 DNA 的整个结构为螺旋形，但证据并不充分。要弄明白 DNA 究竟是什么样的螺旋，研究者们还有很长的路要走。

正在此时，富兰克林加入了研究组。富兰克林生于 1920 年，在剑桥大学获得物理化学学位。她是 X 光衍射技术的专家。富兰克林此时也进行 DNA 的 X 光衍射研究，并于 1952 年 5 月获得一张清晰的 DNA 的 X 光衍射照片。

威尔金斯和富兰克林为沃森和克里克提出 DNA 分子双螺旋结构模型提供了宝贵的数据资料。沃森、克里克和威尔金斯于 1962 年荣获诺贝尔生理学医学奖。应该说，富兰克林在这方面的贡献完全不亚于威尔金斯。沃森和克里克提出 DNA 分子双螺旋结构模型所依据的其实是 1952 年 5 月富兰克林得到的 DNA 的 X 光衍射照片。事实上，富兰克林也接近得出 DNA 的双螺旋结构模型了。可惜她英年早逝，而未能获得诺贝尔奖，这是科学史上的一件憾事。

在 X 光衍射照片的基础上，综合 DNA 化学研究方面的资料，沃森和克里克，特别是沃森，有着更宽广的眼界，从各专家处汲取所需，而得到新的综合结果，而且这种综合结果比其各部分更伟大，这是那些不能聚木为林的专家们无法领悟到的。

1928 年 4 月 6 日，沃森出生于美国芝加哥。16 岁就在芝加哥大学毕业，获动物学理学士学位，在生物学方面开始显露才华。22 岁时沃森来到英国剑桥大学的卡文迪许实验室，结识了早先已在这里工作的克里克，从此开始了两人传奇般的合作生涯。克里克于 1916 年 6 月 8 日生于英格兰的北安普敦，21 岁在伦敦大学毕业。二战结束后，来到剑桥的卡文迪许实验室，克里克也是深受薛定谔的《生命是什么》一书的影响，从物理学转向研究生物学的。

沃森和克里克构建 DNA 分子结构模型的工作始于 1951 年秋。他们仿照鲍林构建蛋白质 α 螺旋模型的方法，根据结晶学的数据，用金属片按原子间键角与键长的比例搭配核苷酸。核苷酸是 DNA 的基本结构单位。核苷酸有 A、T、G、C 共 4 种。1950 年，生物化学家查伽夫报道了他对人、猪、牛、羊、细菌和酵母等不同生物 DNA 进行分析的结果。查伽夫的结果表明,虽然在不同生物的 DNA 之间,4 种核苷酸的数量和相对比例很不相同,但无论哪种物质的 DNA 中,都有 A＝T 和 G＝C,这被称为 DNA 化学组成的"查伽夫法则"。1952 年 7 月,查伽夫访问卡文迪许实验室时,向克里克详细解释了 A：T＝G：C＝1：1 的法则。1952 年春,克里克的朋友,理论化学家格里菲斯通过计算表明,DNA 的 4 种核苷酸中,A 必须与 T 成键,G 必须与 C 成键。这与查伽夫法则完全一致,以上这些工作,就成了沃森和克里克 DNA 分子模型中 A—T 配对、G—C 配对结构的基础。

1953 年 2 月,威尔金斯将富兰克林 1952 年 5 月拍的一张非常精美的 DNA 的 X 光衍射照片拿给沃森和克里克看,克里克立即发现,DNA 是双螺旋的,而且构成双螺旋的两条单链走向相反。至此,DNA 骨架已经浮现。随后,鲍林以前的同事多诺告诉沃森,A—T 和 G—C 配对是靠氢键维系的。克里克提出,与糖－磷酸骨架垂直的碱基只有朝向骨架中心,才能保持稳定的氢键联系。2 月 28 日,沃

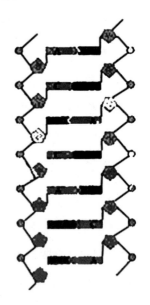

DNA 结构图

森用纸板做成 4 种碱基的模型,将纸板粘到骨架上朝向中心配对,克里克马上指出,只有两条单链的走向相反才能使碱

基完善配对,这正好与 X 光衍射资料一致。

完整的 DNA 分子结构模型完成于 1953 年 3 月 7 日,星期六。根据这个模型,DNA 分子是一个双螺旋结构,每一个螺旋单位包含 10 对碱基,长度为 34 埃(1 埃=10^{-10} 米)。螺旋直径为 20 埃。4 月 15 日,沃森和克里克关于该模型的第一篇论文在《自然》杂志上发表。同时在这期《自然》杂志上发表的有关论文还有:威尔金斯、斯托克和威尔逊合署的文章,介绍了 X 光衍射数据的总体证据支持 DNA 的双螺旋结构模型,以及富兰克林和戈斯林合署的文章,文中展示一幅重要的、精美的 DNA 的 X 光衍射照片,并确认了沃森—克里克模型的合理性。

DNA 分子双螺旋结构模型的发现,是生物学史上的一座里程碑,它为 DNA 复制提供了构型上的解释,使人们对 DNA 作为基因的物质基础不再怀疑,并且奠定了分子遗传学的基础。DNA 双螺旋模型在科学上的影响是深远的。2003 年是 DNA 双螺旋模型发现 50 周年,科学界举行了隆重的纪念活动。

激烈的竞争

20 世纪 20 年代至 30 年代,量子力学的发展很快,新的思想对遗传学的发展产生了重要影响,并且有一大批物理学家加入到遗传学的研究之中。同时，由于物理学家的介入，对遗传学的实验技术发展也产生了很大的推动作用，特别是X射线结晶技术。它不仅仅在研究蛋白质结构的工作中发挥了重要作用，而且在分析DNA结构的工作中也发挥了极其重要的作用。

关于DNA结构的研究，人们当时已经认识到，这是一场关于获取诺贝尔奖的竞争。在这场激烈的竞争中，摘取诺贝尔桂冠的是英国剑桥大学卡文迪许实验室的沃森和克里克，还有伦敦皇家学院的威尔金斯。然而，许多人的工作也是不可忽视的。

在沃森和克里克的工作中，他们采用了模型的方法来反映DNA的结构。其实在他们之前就有人采用此法。例如，20世纪初的著名科学家莱文和30年代至40年代的科学家就采用了模型的方法，但由于条件尚不成熟，在探索DNA结构的研究中未能获得成功。

在这场竞争中，除了沃森和克里克小组之外，还有两个著名的小组：鲍林小组和威尔金斯小组。

鲍林在研究化学键的性质和复杂分子结构方面做出了重要的贡献，为此获得了1954年度的诺贝尔化学奖。后来还获得了1962年度的诺贝尔和平奖。1951年，鲍林小组首次提出了纤维状蛋白质分子的阿尔发螺旋体模型。

威尔金斯和富兰克林在建立DNA分子模型中的作用是

非常重要的。威尔金斯是新西兰物理学家,40 年代开始生物物理学的研究工作。1950 年开始研究 DNA 晶体结构,并在方法上采取了"X 射线衍射法"。他们拍摄出第一张 DNA 纤维衍射图,证明 DNA 分子具有单链螺旋结构。这在建立 DNA 的分子模型的工作中发挥了重要的作用。富兰克林是一位才能卓越的物理化学家。早年研究色层分析技术,后来在巴黎学习 X 射线衍射技术。30 岁的富兰克林已经成为一位出色的物理学家、物理化学家、结晶学家和 X 射线衍射技术的专家。1951 年,她同威尔金斯一起研究 DNA 分子结构问题。

富兰克林首先制备出 DNA 样品,并且拍摄出不同湿度下的 X 射线衍射照片,这是 DNA 分子 B 型图。从照片中,她发现 DNA 具有螺旋型结构,并且测量了这种螺旋体的直径和螺距。她发现 DNA 螺旋体呈现的不是单链结构,而是按双链同轴排列的。这些对沃森和克里克的发现具有极其重要的意义。

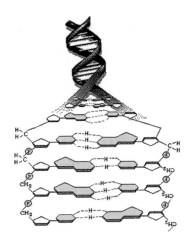

DNA 的双螺旋结构

然而,对 DNA 分子结构的研究还是沃森和克里克捷足先登。鲍林和富兰克林的研究虽然有重大的突破，并且对DNA 的分子的认识大大加深了。但是，他们的研究对揭开DNA 之谜还是功亏一篑。1974 年，鲍林回忆起这段发现的过程时感到深深的遗憾。据说，查可夫听说沃森和克里克的成功之后，他感到非常的失望和痛苦。富兰克林由于身患癌症，于 1958 年去世，而 4 年后，沃森、克里克和威尔金斯获取了诺贝尔奖。人们对此次授奖颇有微词，认为这是英国"大男子主义"的表现。不过，富兰克林的认识的确是有一定的片面性。

就查可夫来说，虽然他的发现为"碱基配对"规律的发现奠定了化学基础，甚至相信核苷酸之间的数量关系必定有其结构上的原因，但他还是就此了结，而并未深入下去。

鲍林的懊悔是有一定道理的，因为他在分子结构理论上有很好的造诣。他从化学的角度解决了许多 DNA 的结构问题，认识到 DNA 的多链和氢键的问题，但未能掌握 X 射线晶体分析方面的最新成果，也不能运用功能和信息的方法研究基因复制，因此对碱基互补的问题束手无策。尽管他深知核酸内会有嘌呤和嘧啶，但他始终没有想到碱基配对的问题；尽管他考虑到 DNA 的结构问题，但他只是考虑三螺旋结构而未想到双螺旋结构。

20 世纪 50 年代，威尔金斯和富兰克林的研究是领先的。威尔金斯对富兰克林的研究最先了解，沃森曾指出："威尔金斯应该首先有机会解决这个问题,但是,他一点不认为摆弄分子模型就能找到问题的答案。"威尔金斯对从分子结构的角度说明生物遗传的功能是不感兴趣的。富兰克林的造诣很高,对 DNA 的研究是很有深度的。但是,富兰克林只是侧重于结晶学的角度。尽管她实际完成了建立 DNA 结构的大部分工作,但她对构建完整的 DNA 模型不感兴趣。因此,她对碱基配对和双股链的走向结构都没有明确的假设。她甚至认为,DNA 的螺旋结构是在特殊条件下呈现的,并不具有一般的意义。这可能因为她是一个物理学家,难于理解 DNA 分子结构的生物学意义。从这一点上说,她远逊于沃森。再加上富兰克林天性谨慎,尽管她对研究工作是认真负责的,但是对研究的进度影响较大。

此外,从知识互补的角度看,沃森和克里克的配合与威尔金斯和富兰克林的配合也有很大的不同。前者的知识结构是异质互补,各自的优势相互补充且得到充分的发挥。后者则在结晶学研究上居世界前列,但对 DNA 的生物学意义认识得不够。尽管威尔金斯和富兰克林的造诣超过了沃森和克里克,但是缺乏学科综合的能力,困于单一的方法。这些也大大影响了他们的研究水平。

中心法则

1941 年,比德尔与塔特姆一起提出"一个基因一种酶"的假说,认为基因是通过酶来起作用的。基因主要位于细胞核中。如果酶是在细胞核内合成的,问题倒也简单,由基因直接指导酶的合成就是了。可事实却并不如此。

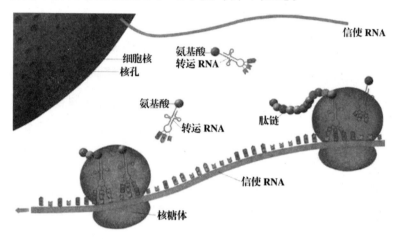

中心法则

早在 20 世纪 40 年代,汉墨林和布拉舍就分别发现伞藻和海胆卵细胞在除去细胞核之后,仍然能进行一段时间的蛋白质合成。这说明细胞质能进行蛋白质合成。1955 年李托菲尔德和 1959 年麦克奎化分别用小鼠和大肠杆菌为材料证明细胞质中的核糖体是蛋白质合成的场所。这样,细胞核内的 DNA 就必须通过一个"信使"将遗传信息传递到细胞质中去。

1955 年,布拉舍用洋葱根尖和变形虫为材料进行实验,他用核糖核酸酶分解细胞中的核糖核酸,蛋白质的合成就停止。而如果再加入从酵母中抽提的 RNA,蛋白质的合成就有一定程度的恢复。同年,戈尔德斯坦和普劳特观察到用放射性标记的 RNA 从细胞核转移到细胞质。因此,人们猜测 RNA 是 DNA 与蛋白质合成之间的信使。1961 年,雅各布和莫诺正式提出"信使核糖核酸"的术语和概念。1964 年马贝克斯从兔的网织红细胞中分离出一种分子量较大而寿命很短的 RNA,被认为是 mRNA。

实际上,早在 1947 年,法国科学家布瓦旺和旺德雷利就在当年的《实验》杂志上联名发表了一篇论文,讨论 DNA、RNA 与蛋白质之间可能的信息传递关系。一位不知名的编辑把这篇论文的中心思想理解为 DNA 制造了 RNA,再由 RNA 制造蛋白质。10 年以后,1957 年 9 月,克里克提交给实验生物学会一篇题为"论蛋白质合成"的论文,发表在该学会的论文集《Symposumof the Society for Experimental Biology》第十二卷第 138 页。这篇论文被评价为"遗传学领域最有启发性、思想最解放的论著之一"。在这篇论文中,克里克正式提出遗传信息流的传递方向是 DNA→RNA→蛋白质,后来被学者们称为"中心法则"。

中心法则在具体细节上经过完善后,在遗传信息流传递方向上又有补充和发展。1970 年,巴尔的摩和梯明在致癌的 RNA 病毒中,发现一种酶,能以 RNA 为模板合成 DNA。他们称这种酶为依赖 RNA 的 DNA 多聚酶,现在一般称为逆转录酶。这就是说,遗传信息流也可以反过来,从 RNA→

DNA。这是一项重要的发现。巴尔的摩和梯明于 1975 年荣获诺贝尔奖。

巴尔的摩 1938 年 3 月 7 日生于美国纽约,在中学时代就对生物学有浓厚兴趣。1960 年毕业于宾夕法尼亚州斯沃思莫大学,1964 年获洛克菲勒大学哲学博士学位。梯明 1934 年 12 月 10 日生于美国费城。1955 年毕业于宾州斯沃思莫大学,1959 年获加州理工学院哲学博士学位。巴尔的摩与梯明发现了逆转录酶,还发现了逆转录病毒的复制机理。逆转录病毒是 RNA 病毒,病毒的 RNA 逆转录出 DNA,再整合到寄主细胞的染色体中,使寄主细胞发生癌变,这一成果也使癌症研究进入了一个新阶段。

对于逆转录酶的发现,巴尔的摩的华裔夫人黄诗厚也作出了重大贡献。当巴尔的摩在麻省理工学院进行癌症研究时,寻找逆转录酶遇到困难。当时正好从事病毒学研究的黄诗厚博士发现在某些 RNA 病毒的蛋白质外壳中带有"转录酶"——RNA 多聚酶。这个发现给了巴尔的摩极大的启示,他也果然在 RNA 肿瘤病毒的蛋白质外壳中找到了逆转录酶。

根据中心法则,DNA 中的信息转录到 RNA 分子中后,要再进一步转译成蛋白质,才能表达为酶的活性。

1981 年,切赫等人在四膜虫发现自催化剪切的 tRNA。1983 年阿尔特曼领导的一个研究小组发现大肠杆菌的核糖核酸 P 的催化活性取决于 RNA 而不是蛋白质。这意味着 RNA 可以不通过蛋白质而直接表现出本身的某种遗传信息,而这种信息并不以核苷酸三联体来编码。这是对中心法则的又一次补充和发展。切赫和阿尔特曼荣获 1989 年的诺贝尔化学奖。

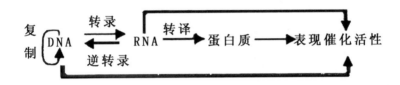

"中心法则"示意图

DNA 本身是否也具有酶活性呢?1994 年,乔依斯等人发现一个人工合成的 DNA 分子具有一种特殊的磷酸二酯酶活性。此后,国外又有多例报道人工合成的 DNA 序列具有各种不同的酶活性。1995 年,我国学者王身立等人发现,从多种生物中提取的 DNA 均具有酯酶活性,能催化乙酸萘酯水解为萘酚和乙酸。这种较弱的酯酶活性并不需要特定序列的 DNA 编码,而是非特异性 DNA 的一般性质。王身立推测,在生命起源时,RNA 和蛋白质都还未出现,原始海洋营养汤中的 DNA 可能利用本身的酯酶活性水解萘酯等物质以获得能量。着生命的进化,酶活性更强的蛋白质出现了,在生命世界中 DNA 作为酶的作用则为蛋白质所取代。但 DNA 分子本身的酯酶活性仍作为一种"分子化石"的遗迹,一直保存到今天。

名句箴言

光阴给我们经验，读书给我们知识。

——奥斯特洛夫斯基

另类风格的研究

麦克林托克的玉米实验

麦克林托克于 1902 年 6 月 16 日，出生于美国康涅狄格州的哈特福德，母亲萨拉·汉迪·麦克林托克是一个喜欢冒险的勇敢的妇女；父亲托马斯·亨利·麦克林托克天生具有桀骜不驯的个性。求学时代，她深深地迷上了自然科学,常能出其不意地以自己独特的方式来解答各种难题,而寻找答案的整个过程对她来说,是一个巨大的快乐。在麦克林托克未来漫长的科研生涯中,这种快乐一直伴随着她,并成为她不懈努力的唯一源泉。

1919 年,麦克林托克在康奈尔大学农学院注册入学。1921 年秋,她选修了一门唯一向本科生开放的遗传学课程。在当时,几乎很少有学生对遗传学产生兴趣,他们大多热衷于农业学,并以此作为谋生手段。但麦克林托克却对这门课有着强烈的兴趣,从而引起了主讲教师赫丘逊的注意。课程结束后,赫丘逊来电话邀请她选修康奈尔大学专为研究生开设的其他遗传学课程。麦克林托克欣然接受了他的邀请,并就此踏上遗传研究的道路。

同时,麦克林托克还选修了植物学系夏普教授开设的细胞学课程。夏普的兴趣集中于染色体的结构以及在减数分裂和有丝分裂期间它们的行为的研究上。当时,染色体正在受到人们的强烈关注,被认定是"遗传因子"的载体。麦克林托克在康奈尔大学植物学系读研究生时,毫不犹豫地认准了这一研究方向——细胞遗传学。

当时的康奈尔大学是玉米遗传学的中心,这一研究由爱默生教授所创立。玉米具有明确可辨的遗传性状,当时已证明它籽粒上糊粉层的颜色以及胚乳的性质,均受孟德尔遗传因子所控制。玉米同果蝇不同,它一年才一熟,这就为研究人员细致深入的研究提供了充裕的时间。当时的玉米遗传学研究，集中在对突变性质的发现、描述、定位和积累上。如果说，是爱默生开创了玉米遗传学，那么麦克林托克则成功地实现了玉米遗传学与细胞学的联姻。

在研究生期间，麦克林托克曾给一位细胞学家兰道夫担任助教。兰道夫是一位颇有成就的细胞学家，他对玉米籽粒发育的细胞形态学的详尽研究，直到今天依然是权威性的工作。当时，他立志要完成的一项工作是确定玉米细胞中不同染色体的形态特征。然而，他所选取的根尖切片细胞，其中的染色体是如此之小，以至无法确定其细节特征。因此，这一工作被耽搁下来，似乎前景黯淡。

1925 年，麦克林托克来到了兰道夫的实验室，事情立刻发生了戏剧性的变化。麦克林托克一下子抓住了问题的关键。她发现，对于细胞学研究来说，玉米的根尖切片远不是一种合适的材料，相反，玉米的小孢子细胞在分裂过程中，其中期或后期染色体更为清晰可辨。当时，恰好贝林发明一种新的乙酸洋红涂片技术，这种方法特别适合于玉米，通过它可观察到每一条玉米染色体分裂和复制的全过程。麦克林托克采纳了这一方法，加之选用的材料合适，经过几周的努力，她鉴定出玉米细胞中每条染色体的不同形态特征。根据染色体的长度，她把最长的一条命名为 1 号染色体，最短的一条命名为 10 号染色体。

可以说巴巴拉·麦克林托克是 20 世纪具有传奇般经历的女科学家,她在玉米中发现了"会跳舞"的基因。

基因在染色体上作线性排列,基因与基因之间的距离非常稳定。常规的交换和重组只发生在等位基因之间,并不扰乱这种距离。在显微镜下可见的、发生频率非常稀少的染色体倒位和相互易位等畸变才会改变基因的位置。可是,麦克林托克这位女遗传学家,竟然发现单个的基因会跳起舞来:从染色体的一个位置跳到另一个位置,甚至从一条染色体跳到另一条染色体上。麦克林托克称这种能跳动的基因为"转座因子"。

麦克林托克理论的影响是非常深远的,她发现能跳动的控制因子,可以调控玉米籽粒颜色基因的活动,这是生物学史上首次提出的基因调控模型,对后来莫诺和雅各布等提出操纵子学说提供了启发。转座因子的跳动和作用控制着结构基因的活动,造成不同的细胞内基因活性状态的差异,有可能为发育和分化研究提供新线索,说不定癌细胞的产生也与转座因子有关。转座因子能够从一段染色体中跑出来,再嵌入到另一段染色体中去,现代的 DNA 重组和基因工程技术也从这里得到过启发。转座子的确是在内切酶的作用下,从一段染色体上被切下来,然后在连接酶的作用下再嵌入到另一切口中去的。

我国遗传学者王身立教授曾在 1982 年与名誉主席谈家

桢一起预言,麦克林托克会获诺贝尔奖。翌年,麦克林托果然荣获诺贝尔生理学医学奖。

从误解到理解

在1951年的冷泉港学术研究会上,麦克林托克通报了她对转座理论的研究,然而出乎意料的是,当时一流的遗传学家却无法理解她所用的语言,麦克林托克受到了前所未有的冷遇。

就经典遗传学而言,摩尔根的基因理论强调的是基因的稳定性、突变的随机性。比德尔"一个基因一种酶"学说突出的是基因的功能性,亦即它编码合成蛋白质的能力。然而,转座理论恰恰与此相对立。麦克林托克强调的是,基因可以在染色体上不同位点之间、甚至在不同的染色体之间跳来跳去。稳定的基因竟然能随意移动,在当时看来这近乎天方夜谭。麦克林托克还认为,基因除了编码蛋白质之外,它还是一种控制因子,比如 Ac—Ds 体系。对于控制因子来说,它的任务不在于编码任何蛋白质,而只在于调节、控制其他基因的有序表达。这样一种控制的概念,对于经典遗传学家来说也颇为生疏。

从另一方面来看,对于转座概念的拒绝,也反映了经典遗传学方法本身的局限。由于用经典方法所得到的结论往往是间接的逻辑推理的产物,而对于"转座"这样大胆的观点,在没有直接看到这种现象的时候,遗传学家宁可采取怀疑的态度。很显然,若是没有 70 年代细菌遗传学的证实,"转座"恐怕仍不会被接受。此外,"转座"现象当时仅在玉米中发现,由于缺乏普遍有效性,要科学共同体接受这种理论也是很困难的。可见,经典的方法往往会受到实验材料的限制。除了玉米之外,酵母、果蝇、细菌等转座现象都是用分子方法发现的。麦克林托克一生都对玉米情有独钟,而玉米也正是她走向成功的关键。最近,美国科学家发现在玉米基因组的 20 亿个碱基对中,其中转座因子就占了一半以上。这简直是命运对麦克林托克特别的垂青!如果不是以玉米作为实验材料,也许我们今天还无缘与"转座"相识。

　　同样是关于基因调节的概念,20 世纪 60 年代初,当雅各布和莫诺在大肠杆菌中提出"操纵子"模型时,立刻就引起分子生物学家的普遍反应。其原因在于雅各布和莫诺所使用的研究对象是为大家所熟悉公认的大肠杆菌。操纵子模型提出之后,麦克林托克欢欣鼓舞,因为她希望基因的调节概念被大家接受之后,她的转座理论也能为大家所承认。她立刻发表文章,将操纵子模型与转座体系进行类比,认为操纵基因与调节基因相当于玉米转座体系中的 Ds － Ac 控制因子,它们都担当起控制与调节基因表达的功能。但遗憾的是,分子生物学家虽接受了大肠杆菌中的操纵子模型,却仍然无法接受玉米中的转座体系。

20世纪70年代以来,当细菌、酵母、果蝇中陆续发现转座基因的报道之后,人们才想起麦克托克早在20世纪50年代初就对玉米中的转座基因有过透彻的研究和报道。至此,麦克林托克那曾被看作是天方夜谭式的异端思想,才逐渐融入当代科学思想的洪流之中,随之各种荣誉也接踵而来:冷泉港授予她"卓越贡献成员"荣誉称号,1978年获罗森蒂尔奖,1981年获拉斯克基础医学研究奖、麦克阿瑟基金会奖和以色列的沃尔夫基金会奖。1983年。她终于摘取科学界的最高桂冠——诺贝尔医学或生理学奖。

打开了通往分子遗传学的另一扇门

与现代的分子生物学家相比,麦克林托克具有独特的研究思想与方法。在物理学、化学的熏陶下成长起来的新一代分子生物学家,他们更看重的是对象的结构而非功能。他们习惯于采用简单明了的分子克隆方法,将插入顺序提纯出来,然后进行分子结构的分析。但是如此一来,这样的死分子也就失去了其活泼、能动的生物学功能。所以,当分子生物学家与麦克林托克刚刚开始合作时,他们之间甚至无法交流——因为两人说的不是同一种语言。前者仅关注于什么材料合适于克隆。对此,麦克林托克带着惊恐甚至是轻蔑的眼光。当时,分子生物学家已经发现,噬菌体的染色体能插入细菌基因之中,它类似于玉米中的转座因子,但是,麦克林托克拒不同意这样一种简单的类比,她强调真核生物的复杂性,仅相信遗传杂交实验所阐明的一切,她还断然声称:控制因子是一种基因,但却是一种不同寻常的基因,这不仅表现在它们的功能上,而且也表现在它们的性质上,亦即 Ac、Ds 不是由具体的物质分子所组成,它们仅代表了染色体特定结构的一种改变形式。最终,玉米中的转座因子被克隆,其分子顺序也被测定,Ds 因子具有双倍的结构,所以能导致染色体的断裂。随着转座因子的插入,染色体的 DNA 分子也确实变长了。在这一点上,分子生物学家的做法显然是正确的。

麦克林托克的教育背景以经典遗传学为主,相比于分子遗传学,经典遗传学有其独特的优越性,因为它直接将基因与功能对应起来,省去了中间过程,而不是像分子遗传学家那样,仅关注于基因决定蛋白质的过程上。这就对想象力的发挥以及直观的逻辑推理能力的运用,提出了更高的要求。对麦克林托克来说,她主要是用她的眼睛以及直觉推理能力,再辅之以显微镜和少数简单的反应物,当然还有正确的杂交试验,她选择、分析、保存了大量有用的玉米株系,提供给任何对此感兴趣的人。麦克林托克的过人之处在于,她看重偶然的失败,认为这正是线索的开始。凭着一双训练有素的眼睛,她总能看出一些不寻常的事例,比如有色背景上无色区域的分布,或是染色体上某一特殊位点的断裂。而接下去的推理又是如此复杂,对事实的分析一环紧扣一环,以至令许多遗传学家难以理解。但是,它却充分展现了人类智力以及想象力所能达到的深度。正是在此意义上,麦克林托克认为,人类基因组这一宏大工程仅仅是一种编织手艺,因为它从根本上缺乏深刻的原创性和恢弘的想象力。也许这正可说明,麦克林托克对于分子遗传学方法冷淡的原因。虽说麦克林托克没有受过正规的分子遗传学训练,但她自 40 年代起就一直在冷泉港实验室这一分子遗传学研究的中心工作,她长期与分子生物学家共事,每次学术报告她都不错过,并且总能提出一些发人深省的问题,可见她是完全跟得上分子遗传学的前进步伐的。正如她钟情于玉米一样,她也钟情于经典遗传学的方法,因为它富有想象力,并且直接面对活生生的功能。

对于一个分子生物学家来说,他们更多地将细胞仅仅看作是一个试管,里面充满了蛋白质和核酸复合物。而麦克林托克则首先把生命体看作是一个有序的整体,其中的每部分都处于相互联系的网络之中,对于微小的扰动,它能发挥有益的调整功能,转座体系即是其中的一部分。这一独到的体验也深深地影响了分子生物学家。夏皮洛回忆道,当他于 20 世纪 70 年代后期首次与麦克林托克接触时,他才意识到这些因子必须整合到有机体的整体功能时才有意义——正是循着这一正确的思路，他才深入到了细菌的遗传系统之中，并做出独到的发现。

另一位分子生物学家费克当时正研究酵母遗传学，他用的是生物化学的方法。麦克林托克对他提出了一个意义深远的问题："你认为酵母中有转座因子吗？"囿于偏见，费克认为转座因子只限于玉米中。所以，他说通过化学诱导剂的方法，已鉴定200多个突变，但未发现不稳定的突变。对此，麦克林托克大笑，她说，发现转座因子绝不能用化学的或物理的这类人工诱导的方法。她强调，转座是一个自然状态下发生的事件，而非人为事件。对自然的而非人为状态的珍视，正是麦克林托克不同于分子生物学的独特视角，也是她对生物学思想的一份厚重贡献。

透过麦克林托克的研究思路，我们可以看到一种崭新的科学思维模式正在兴起，那就是以尊敬代替征服，以创造性的想象代替分析、还原的逻辑。麦克林托克把自己的感情融入于研究对象之中，她还用"基因组的震惊"这一类概念来描述基因的行为。仿佛一个基因能够觉察到各种情绪，如沮丧、兴奋等，它还能识别复杂的挑战，以寻求智慧的解决方法。总之，基因组就像有它自己的生命，在她看来，转座因子的移动也正是生命体对内外环境的改变所做出的反应，这些也许正构成了进化的基因机制。

麦克林托克的思想连接过去与未来，横跨我们的时代。她的细胞遗传学研究在当时就为她赢得了声誉；她对"转座"理论的贡献是划时代的，正在被今天的我们所接受；而她的进化观念也许将成为留给未来时代的一份贵重礼物。

麦克林托克身材娇小，但却精力充沛，体格健壮，这也正是她能成为一名优秀遗传学家的良好素质。她不仅仅是在显微镜下观察细胞中的染色体，还需在烈日下种植玉米；有时碰到连续几天的暴雨，她就要在玉米地里排水、培土，使玉米根系牢牢地固着于土壤之中。

1992年9月2日，在冷泉港，她与世长辞。麦克林托克终生未婚，她把全部的挚爱都奉献给了玉米，奉献给了遗传学事业。正如诺贝尔颁奖委员会的致词中所指出的，麦克林托克的成功，其意义远远超越了科学本身，"对于当局来说，保证科学的独立研究是多么重要；对于年轻的科学家来说，则证明简单的手段也能作出巨大的发现。"

确实，对于玉米籽粒上色斑的研究，初看起来似乎毫无应用价值。麦克林托克纯粹出于一种科学上的而非实利上的兴趣，默默地耕耘于这片园地之中。最终转座因子被证明不仅控制着玉米上籽粒色素的形成，更重要的，它还存在于其他生物之中。有关它的机理、转座过程中所发生的具体步骤，仍是今天分子遗传学所面对的重大课题。因此，麦克林托克的工作虽然是在经典遗传学框架内完成的，但她同时也开启了通往分子遗传学的另一扇门。

　　面对荣获诺贝尔奖这一崇高荣誉，麦克林托克平静地说："我觉得自己获得这种意外的奖赏似乎有些过分。多少年来，我在对于玉米遗传的研究中已获得很多的欢乐。我不过是请求玉米帮助我解决一些特殊的问题，并倾听了她那奇妙的回答。"这就是麦克林托克，一位经历简单然而思想深刻的天才科学家。

名句箴言

对于有文化的人，读书是高尚的享受。我重视读书，它是我一种宝贵的习惯。

——高尔基

基因会变吗

母庸置疑，基因肯定是会变的。基因突变可以是自然发生，也可以是人工诱导所致。因为自发突变频率很低，人工诱变就显得非常重要。摩尔根的学生缪勒取得了突破性进展，不仅是人工诱变的创始人，也是第一位成功的诱变育种家。

短腿羊的出现

1791 年,在美国新英格兰的一户农民赛斯·怀特家的羊群里,发现了一只背长腿短且略弯曲的雄绵羊。由于腿短,它跳不过羊圈篱笆,故而易于圈养。经过怀特的精心选育,一个新的绵羊品种——安康羊产生了。达尔文对此很感兴趣,曾将该例收录在他的著作《动物和植物在家养下的变异》一书中。但安康羊在 1870 年左右绝种了。这种短腿羊,最初是在其亲代的生殖细胞中的基因产生了变化而导致的。基因的变化称为基因突变。大约在 1920 年左右,挪威一户农民的羊群里,又突然出现了一只短腿羊,这是因为又新产生了一次基因突变。由此又重新育成了一个短腿绵羊的新品种。

突变这个概念和术语最初是由荷兰植物学家、孟德尔定律的重新发现者之一德·弗里斯在 1901 年提出来的,当时他把在月见草中观察到的偶然出现的、巨大的、可遗传的

短腿羊

变化称为突变。后来知道,德弗里斯在月见草中观察到的"突变"是染色体畸变而非基因突变。但由于突变概念的提

出，使人们将遗传物质的变异引起的可遗传性变异与生物体对环境条件变化引起的不可遗传的变异严格区分开来。当然，最早区分可遗传的变异与不遗传变异的，应该追溯到魏斯曼。魏斯曼 1885 年提出"种质学说"时，就曾明确区分可遗传的种质变异与不遗传的体质变异。

缪勒与突变基因

通常说突变是自发产生的时候，并不是说突变是无缘无故发生的，而是指未经人为干预而自然发生的。突变发生肯定有原因，只是原因不明，或者说我们没有去深究。有时是我们不感兴趣，有时甚至是没有必要去深究。然而，自发突变是一种频率很低的突变，仅靠自发突变无异于守株待兔。科学的发展不能等待大自然恩赐，科学研究需要新的突变，必须想办法使之容易得到，使研究工作的效率提高。在这方面取得突破性进展的是缪勒——摩尔根的学生、得力助手和传人。

缪勒祖籍德国，1890 年 12 月 21 日生于美国纽约市，1967 年 4 月 5 日卒于美国印第安纳波利斯。1907 年缪勒考入哥伦比亚大学，1910 年毕业，获学士学位。在大学期间，曾认真阅读洛克的《遗传、变异和进化》，并进修威尔逊讲授的染色体遗传学。大学毕业后在康内尔医学院和哥伦比亚大学生理学系深造,1912 年获硕士学位。同年,被摩尔根招为研究生,在摩尔根的实验室里攻读博士,1916 年取得博士学位。1916～1918 年受生物学家赫胥黎的邀请,到休斯敦水稻研究所讲学。1918～1920 年缪勒回哥伦比亚大学继续从事遗传突变研究。1921～1932 年,在得克萨斯大学任教并成为教授。1932 年,缪勒曾去柏林,并遭法西斯当局逮捕,后经营救获释,应苏联遗传学家瓦维洛夫之邀请去苏联。1933～1937 年在列宁格勒和莫斯科科学院工作,曾卷入到与李森科争论的纠纷中,为此他离开了苏联,并参加了西班牙志愿军。1938 年缪勒到了英国,在爱丁堡大学任教,直至 1940 年。其后便回到美国,先在阿默斯特学院任教,1945 年转到印第安纳大学,直至去世。

缪勒一生发表论文 372 篇,出版专著《单基因改变所致的变异》,并参与由摩尔根主编的《孟德尔遗传机制》的编写。缪勒是辐射遗传学的创始人,并因此而荣获 1946 年诺贝尔生理学或医学奖。由他建立的检测突变的 CIB 方法至今仍是生物监测的手段之一。

1927 年,缪勒在《科学》杂志发表了题为《基因的人工蜕变》的论文,首次证实 X 射线在诱发突变中的作用,搞清了诱变剂剂量与突变率的关系,为诱变育种奠定了理论基础。具体来说,缪勒解决了如下几个问题:

一、用较高剂量的 X 射线处理精子,能诱发生殖细胞发生真正的基因突变。所谓真正的基因突变,是从两个角度表现出来的,一是具有物质性质的基因发生了变化,而不是像德弗里斯在月见草中发现的染色体畸变;二是变化了的基因能真实遗传,经过了 4 代或 4 代以上的稳定遗传,并且大多数表现出典型的孟德尔遗传方式。

二、在用 X 射线处理果蝇的同时,再以数千个未经处理的果蝇作为对照。在同样的培养条件下,受高剂量 X 射线处理的果蝇之突变率比未受处理的果蝇之突变率高出约 150 倍。用 X 射线处理,在短时间内即得到了几百个突变体,经过几代培育已发现 100 个以上的突变基因。

三、突变类型包括致死突变、半致死突变、非致死突变。致死突变又可分为隐性致死突变和显性致死突变。其中显性致死突变是大量的,可通过卵的计数和其对性比率的影响看出,有不少诱发的可见突变,是在过去从未看到的基因座位上发生的,而其中有些突变的表

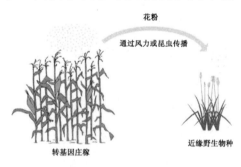

转基因生物的安全性

型效应与以往看到的并不完全相似。但大多数突变是过去已经发现过的,如白眼、小翅、带叉的刚毛等。这说明 X 射线诱发的变异大多数与自发突变中出现的基因突变完全相同,

只是后者出现的频率要低得多。

四、除基因突变外，X 射线也能造成基因在染色体上的次序重新排列，且这种情况占有很高的比例；还能造成较大片段的染色体畸变，如缺失、断裂、易位、倒位等。

五、X 射线处理并非是使该染色体上存在的全部基因物质都发生永久性的改变，常常只影响到其中一部分。受处理的基因复制产生两个或两个以上的子代基因，往往只有其中一个发生突变，似乎表现出某种滞后效应。

六、X 射线处理并未显著提高回复突变率。这说明诱变的发生也是随机的，诱变剂并不对已发生突变的基因青睐有加。

七、用不同剂量的 X 射线，在生命周期的不同时刻和不同条件下处理果蝇，将得到不同的结果。缪勒的工作表明，在使用剂量的范围内，隐性致死因子并不直接随所吸收的 X 射线的能量而变化，而是更接近于随能量的平方根变化。

1945 年，美国在日本长崎和广岛投下了尚处于初级研究阶段的核武器——原子弹。原子弹的巨大爆炸威力和大规模杀伤效应，给人们以非常深刻的印象。然而，原子弹的受害者仅仅是死伤吗？不死不伤的人难道一点也未受到影响吗？在此之前，人们与放射性物质打交道已有 40 余年，但对其生物学效应、特别是遗传学效应几乎一无所知。缪勒则在他的论文中明确指出："现代 X 射线治疗常用的照射处理实践肯定不会造成永久性的不孕,这主要是站在一种纯粹理论性的概念上来防护的,这种理论概念为孕性恢复后产生的卵必定代表'未受损伤'的组织……这个假设在这里被证明是错误的……"缪勒由于1927年的工作而于1946年获诺贝尔生理学医学奖,这标志着人类对诱变的认识已趋成熟。随后,"原子时代的遗传学""辐射遗传学"成为热点。其他物理或化学诱变剂逐一被发现及研究。为了维护人类健康,检测致畸、致癌、致突变环境因素的工作日益受到重视。

诱变在应用方面的发展

诱变操作其实很简单,即用诱变剂直接或间接地处理生殖细胞。对细菌等生物而言,没有体细胞与生殖细胞的区别,处理起来就更容易了。

诱变剂大致可分为两类。像射线、紫外线、激光等物理因素称为物理诱变剂,用于诱变的射线有:X射线、α射线、β射线、γ射线和中子射线等。而亚硝铵、芥子气之类的化学药物则称为化学诱变剂。

诱变的目的是为了得到新的突变。在摩尔根时代,遗传学研究内容的丰富与新突变的发现息息相关。现在,遗传学研究的内容和手段与过去相比早已面目全非了,但获得新突变并从中选出对人类有利的突变型仍然是热点之一。培育新品种的方法现在已有许多新手段,如应用分子生物学技术培育转基因动植物等,但诱变育种仍不失为简便易行的常用手段。

缪勒不仅是人工诱变的创始人,也是第一位成功的诱变育种家。其实,他培育的CIB果蝇品系就是一个非常有用的果蝇新品种。20世纪30年代,瑞典的古斯塔夫松、和哈格贝里等就开始致力于诱变育种工作,并取得了较大成就。到50年代,瑞典已成为世界放射诱变育种研究的中心。60~70年代,诱变育种工作已呈燎原之势,经诱变而得到的新品种已数不胜数。

我国在60年代初开始诱变育种工作,进入80年代后,诱变育种工作与我国其他行业一样进入了鼎盛时期。诱变育种的成果主要体现在作物育种和微生物育种两方面。作物育种,目标致力于早熟、抗病、高产、优质。这些目标并不是一下子就能达到的,特别是与某些品质有一定的相关性,如早熟的难以高产,高产的不早熟,这就须一步步地进行。可以用具有某种优良品质的品种作基础,通过诱变,从中选出保持该优秀品质并出现新的优良品质的突变体。如浙江培育的早熟水稻"原丰早",就是以"科字6号"为基础,经诱变选择而育成的。"原丰早"穗大粒多,耐肥抗倒,保留了"科字6号"的丰产品质,但比后者早熟45天,从而产量比成熟期相同的其他品种高一成以上。"原丰早"还有适应性广、早晚季均可种植、二熟制或三熟制都能适应的优点。这类例子举不胜举,如湖北育成的"鄂麦6号"、山东育成的"鲁棉1号"、黑龙江育成的"黑农16号"大豆、广东育成的"狮选64号"花生等,都是应用诱变而培育成功的。

微生物育种,目标在于获得高产菌株。许多生化药物如核苷酸、酶制剂、氨基酸、抗生素等,常常用微生物发酵法来进行工业化生产。由于许多生化成分在生物组织中的含量较低、提取较为困难,所以这类药物价格极昂贵。如果某种微生物代谢途径改变,能累积这类成分,那么即可利用这种微生物来大量生产药物。工业化生产的最大优点是能大幅度降低药物的生产成本,而诱变育种可以逐渐提高药物产量,从而进一步降低成本。在我国许多生化制药厂的抗生素生产车间里,都有着一批专门从事菌种培育的技术人员。正是由于他们的辛勤劳动,才使得各地的生产水平逐年提高。通过诱变育种,使药物产量逐渐提高成千上万倍的例子屡见不鲜。

基因鉴定技术

DNA鉴定技术是英国遗传学家杰弗里斯在1984年发明的。DNA鉴定技术除了可鉴定个人身份外,在鉴定亲属关系上也很有效。人体细胞有总数约为 30 亿个碱基对的 DNA,每个人的 DNA 都不完全相同,人与人之间不同的碱基对数目达几百万之多,因此通过分子生物学方法显示的 DNA 图谱也因人而异,由此可以识别不同的人。所谓"DNA 指纹",就是把 DNA 作为像指纹那样的独特特征来识别不同的人。由于 DNA 是遗传物质,因此通过对 DNA 鉴定还可以判断两个人之间的亲缘关系。由于人体各部位的细胞都有相同的 DNA,因此可以通过检查血迹、毛发、唾液等判明身份。

2000 年,我国河南省郑州市首次颁发 DNA 身份证。这张特殊的身份证表面印有持有者的姓名、年龄、性别、出生年月、血型、身份证号、照片等,但它的奥秘和价值所在是下方的一长排条文形码。个人的遗传基因秘密就藏在这些条码中,显示持有者存在的唯一性。拥有者将真正与世界上其他 60 亿人口区分开来。DNA 身份证在人体器官移植、输血、耐药基因的认定和干细胞移植方

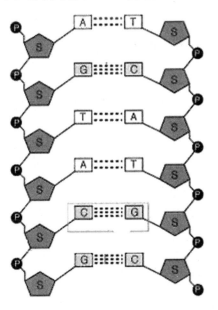

DNA 的化学组成

面都有非常大的作用。

　　用 DNA 鉴定身份的技术在阿根廷内战期间也起到了重要作用。战争让许多孩子失去了父母。战争结束后，政府希望把这些孩子们交付给他们的亲戚，使他们回到亲人的怀抱。可是怎样使他们没见过面的亲戚相信孩子是自己的亲属呢？科学家采用 DNA 鉴定技术，将孩子血液中的 DNA 与可能是他们亲戚的 DNA 相比较，结果至少帮助 50 多个孩子找到了亲人。现在这种技术，已经广泛被各国采用了。

　　近一个世纪以来，指纹技术给侦破工作带来很大方便。但罪犯越来越狡猾，许多作案现场没有留下指纹。现在有了 DNA 指纹鉴定技术，只要罪犯在案发现场留下任何与身体有关的东西，例如血迹和毛发，警方就可以根据这些蛛丝马迹将其擒获，准确率非常高。DNA 鉴定技术在破获强奸和暴力犯罪时特别有效，因为在此类案件中，罪犯很容易留下包含 DNA 信息的罪证。

　　根据 DNA 指纹破案虽然准确率高，但也有出错的可能，因为两个人的 DNA 指纹在测试的区域内有完全吻合的可能。因此在 2000 年英国将 DNA 指纹测试扩展到 10 个区域，使偶然吻合的危险概率降到十亿分之一。即使这样，出错的可能性仍未排除。

基因疗法

　　基因疗法是通过基因水平的操作来治疗疾病的方法。基因是"生命的设计图"，当基因因为突变、缺失、转移或是不正常的扩增而"出错"时，细胞制造出来的蛋白质数量或是形态就会出现问题，人体也就生病了。所以要治疗这种疾病最根本的方法，就是找出基因发生"错误"的地方和原因，把它矫正回来，疾病自然就会痊愈了。

　　目前的基因疗法是先从患者身上取出一些细胞，然后利用对人体无害的逆转录病毒当载体，把正常的基因嫁接到病毒上，再用这些病毒去感染取出的人体细胞，让它们把正常基因插进细胞的染色体中，使人体细胞就可以"获得"正常的基因，以取代原有的异常基因；接着把这些修复好的细胞培养、繁殖到一定的数量后，送回患者体内，这些细胞就会发挥"医生"的功能，把疾病治好了。

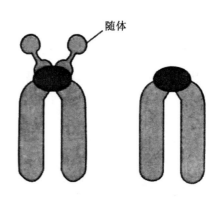

近端着丝粒和端着丝粒染色体

　　美国医学家安德森等人对腺苷脱氨酶缺乏症的基因治疗，是世界上第一个基因治疗成功的范例。

1990 年 9 月 14 日,安德森对一例患 ADA 缺乏症的 4 岁女孩进行基因治疗。这个 4 岁女孩由于遗传基因有缺陷,自身不能生产 ADA,先天性免疫功能不全,只能生活在无菌的隔离帐里。他们将含有这个女孩自己的白细胞的溶液输入她左臂的一条静脉血管中,这种白细胞都已经改造过,有缺陷的基因已经被健康的基因所替代。在以后的 10 个月内她又接受了 7 次这样的治疗,同时也接受酶治疗。1991 年 1 月,另一名患同样病的女孩也接受了同样的治疗。两患儿经治疗后,免疫功能日趋健全,能够走出隔离帐,过上了正常人的生活,并进入普通小学上学。

继安德森之后,法国巴黎奈克儿童医院的费舍尔博士与卡波博士也对两例先天性免疫功能不全的患儿成功地进行了基因治疗。

尽管目前只有极少数的基因疗法开始在临床试用,大多数还处于研究阶段,但它的潜力极大、发展前景广阔。

基因工程药物

生物工程技术的诞生与应用不仅改变了我们的生活而且还让我们的生活多姿多彩。

1977 年,美国加利福尼大学的遗传学家博耶等人,用基因重组技术,在大肠杆菌中制造出 5 毫克的人生长激素抑制因子。如果用传统的办法从羊脑中提取 5 毫克生长激素抑制因子,那就要有 50 万个羊脑。这是基因工程应用的一大胜利。

糖尿病是患者胰腺不能正常分泌胰岛素,引起血糖过高而至,其死亡率仅次于癌症和心脏病。全世界的糖尿病患者已达数千万人。20 世纪初,医生们就采用胰岛素治疗糖尿病。但胰岛素以往主要靠从牛、猪等大牲畜的胰脏中提

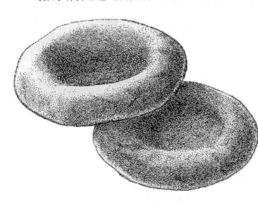

红细胞

取,一头牛的胰脏或一头猪的胰脏只能产生 30 毫升的胰岛素,而一个病人每天则需要 4 毫升的胰岛素,胰岛素产量远

远不能满足需要。

1978年，美国化学家吉尔伯特领导的研究小组，利用重组DNA技术成功地使大肠杆菌生产出胰岛素。

为基因重组技术商业化而建立的第一家公司是南旧金山的一家名叫杰纳泰克的公司。该公司是由博耶和企业家R.斯旺森创办的，该公司能够大量生产人体胰岛素。1982年，用基因技术生产的胰岛素产品获得批准并投入使用。

干扰素是两位美国科学家在1957研究病毒的干扰现象时发现的一种抗病毒的特效药，能战胜病毒引起的感染，如水痘、肝炎和狂犬病等。干扰素本是我们身体内部少数几种能抵御病毒的天然防御物质之一，是在病毒入侵细胞以后从仍然健康的细胞中自然产生的。但人体内产生的干扰素数量非常小，所以当时生产的干扰素数量很少而十分昂贵。

1980年，由美国生物化学家博耶和科恩创建的基因工程公司，通过各种不同基因组合得到几种生产干扰素的细菌。1981年，又用酵母菌生产干扰素获得成功。过去，用白细胞生产干扰素，每个细胞最多只能产生100～1000个干扰素分子；而用基因工程技术改造的大肠杆菌发酵生产，在1～2天内，每个菌体能产生20万个干扰素分子。现在，美国已经采用基因工程来大规模工业化生产干扰素。

中国在1982年已用基因工程方法组建了生产干扰素的大肠杆菌新菌种，它产生的干扰素跟天然干扰素一样具有抗

病毒活性。同年,复旦大学遗传研究所获得人干扰素基因克
隆的酵母菌株。1983 年建立了人甲种干扰素基因工程无性
繁殖系,并用于生产。

结构分析和遗传物质的研究在分子生物学的发展中作出了重要的贡献。结构分析的中心内容是通过阐明生物分子的三维结构来解释细胞的生理功能。

1912年英国布喇格父子建立了 X 射线晶体学,成功地测定了一些相当复杂的分子以及蛋白质的结构。以后布喇格的学生阿斯特伯里和贝尔纳又分别对毛发、肌肉等纤维蛋白以及胃蛋白酶、烟草花叶病毒等进行了初步的结构分析。他们的工作为后来生物大分子结晶学的形成和发展奠定了基础。

20 世纪 50 年代是分子生物学作为一门独立的分支学科脱颖而出并迅速发展的年代。首先在蛋白质结构分析方面,1951 年提出了 α-螺旋结构,描述了蛋白质分子中肽链的一种构象。1955 年桑格完成了胰岛素的氨基酸序列的测定。接着肯德鲁和佩鲁茨在 X 射线分析中应用重原子同晶置换技术和计算机技术,分别于 1957 和 1959 年阐明了鲸肌红蛋白和马血红蛋白的立体结构。1965 年中国科学家合成了有生物活性的胰岛素,首先实现了蛋白质的人工合成。

另一方面,德尔布吕克小组从 1936 年起选择噬菌体为对象开始探索基因之谜。噬菌体感染寄主后半小时内就复制出几百个同样的子代噬菌体颗粒,因此是研究生物体自我复制的理想材料。

1940 年比德尔和塔特姆提出了"一个基因,一个酶"的假设,即基因的功能在于决定酶的结构,且一个基因仅决定一个酶的结构。但在当时基因的本质并不清楚。1944 年埃弗里等研究细菌中的转化现象,证明了 DNA 是遗传物质。

1953 年沃森和克里克提出了 DNA 的双螺旋结构,开创了分子生物学的新纪元。并在此基础上提出的中心法则,描述了遗传信息从基因到蛋白质结构的流动。

遗传密码的阐明则揭示了生物体内遗传信息的贮存方式。1961 年雅各布和莫诺提出了操纵子的概念,解释了原核基因表达的调控。到 20 世纪 60 年代中期,关于 DNA 自我复制和转录生成 RNA 的一般性质已基本清楚,基因的奥秘也随之开始解开了。

仅仅三十年左右的时间,分子生物学经历了从大胆的科学假说,到经过大量的实验研究,从而建立了本学科的理论基础。进入 70 年代,由于重组 DNA 研究的突破,基因工程已经在实际应用中开花结果,根据人的意愿改造蛋白质结构的蛋白质工程也已经成为现实。

蛋白质的结构单位是 α-氨基酸。常见的氨基酸共 20 种。它们以不同的顺序排列可以为生命世界提供天文数字的各种各样的蛋白质。

蛋白质分子结构的组织形式可分为四个主要的层次。一级结构,也叫化学结构,是分子中氨基酸的排列顺序。首尾相连的氨基酸通过氨基与羧基的缩合形成链状结构,称为肽链。肽链主链原子的局部空间排列为二级结构。二级结构在空间的各种盘绕和卷曲为三级结构。有些蛋白质分子是由相同的或不同的亚单位组装成的,亚单位间的相互关系叫四级结构。

蛋白质的特殊性质和生理功能与其分子的特定结构有着密切的关系,这是形形色色的蛋白质所以能表现出丰富多彩的生命活动的分子基础。研究蛋白质的结构与功能的关系是分子生物学研究的一个重要内容。

随着结构分析技术的发展,现在已有几千个蛋白质的化学结构和几百个蛋白质的立体结构得到了阐明。70 年代末以来,采用测定互补 DNA 顺序反推蛋白质化学结构的方法,不仅提高了分析效率,而且使一些氨基酸序列分析条件不易得到满足的蛋白质化学结构分析得以实现。

发现和鉴定具有新功能的蛋白质,仍是蛋白质研究的内容。例如与基因调控和高级神经活动有关的蛋白质的研究现在很受重视。

生物体的遗传特征主要由核酸决定。绝大多数生物的基因都由 DNA 构成。简单的病毒如噬菌体的基因组是由 46000 个核苷酸按一定顺序组成的一条双股 DNA。由于是双股 DNA，所以通常以碱基对计算其长度。

遗传信息要在子代的生命活动中表现出来，需要通过复制、转录和转译。复制是以亲代 DNA 为模板合成子代 DNA 分子。转录是根据 DNA 的核苷酸序列决定一类 RNA 分子中的核苷酸序列；后者又近一步决定蛋白质分子中氨基酸的序列，就是转译。因为这一类 RNA 起着信息传递作用，故称信使核糖核酸。

基因在表达其性状的过程中贯串着核酸与核酸、核酸与蛋白质的相互作用。DNA 复制时，双股螺旋在解旋酶的作用下被拆开，然后 DNA 聚合酶以亲代 DNA 链为模板，复制出于代 DNA 链。转录是在 RNA 聚合酶的催化下完成的。

生物体内普遍存在的膜结构，统称为生物膜。它包括细胞外周膜和细胞内具有各种特定功能的细胞器膜。从化学组成看，生物膜是由脂质和蛋白质通过非共价键构成的体系。很多膜还含少量糖类，以糖蛋白或糖酯形式存在。

生物体的能量转换主要在膜上进行。生物体取得能量的方式，或是像植物那样利用太阳能在叶绿体膜上进行光合磷酸化反应；或是像动物那样利用食物在线粒体膜上进行氧化磷酸化反应。这二者能量来源虽不同，但基本过程非常相似，最后都合成腺苷三磷酸。

生物体利用食物氧化所释放能量的效率可达 70% 左右，而从煤或石油的燃烧获取能量的效率通常为 20%～40%，所以生物力能学的研究很受重视。对生物膜能量转换的深入了解和模拟，将会对人类更有效地利用能量作出贡献。

生物膜的另一重要功能是细胞间或细胞膜内外的信息传递。在细胞表面，广泛地存在着一类称为受体的蛋白质。激素和药物的作用都需通过与受体分子的特异性结合而实现。癌变细胞表面受体物质的分布有明显变化。细胞膜的表面性质还对细胞分裂繁殖有重要的调节作用。

对细胞表面性质的研究带动了糖类的研究。糖蛋白、蛋白聚糖和糖酯等生物大分子结构与功能的研究越来越受到重视。从发展趋势看，寡糖与蛋白质或脂质形成的体系将成为分子生物学研究的一个新的重要的领域。

分子生物学的成就说明：生命活动的根本规律在形形

色色的生物体中都是统一的。例如，不论在何种生物体中，都由同样的氨基酸和核苷酸分别组成其蛋白质和核酸。遗传物质，除某些病毒外，都是 DNA，并且在所有的细胞中都以同样的生化机制进行复制。

物理学的成就证明，一切物质的原子都由为数不多的基本粒子根据相同的规律所组成，说明了物质世界结构上的高度一致，揭示了物质世界的本质，从而带动了整个物理学科的发展。分子生物学则在分子水平上揭示了生命世界的基本结构和生命活动的根本规律的高度一致，揭示了生命现象的本质。和过去基本粒子的研究带动物理学的发展一样，分子生物学的概念和观点也已经渗入到基础和应用生物学的每一个分支领域，带动了整个生物学的发展，使之提高到一个崭新的水平。

过去生物进化的研究，主要依靠对不同种属间形态和解剖方面的比较来决定亲缘关系。随着蛋白质和核酸结构测定方法的进展，比较不同种属的蛋白质或核酸的化学结构，即可根据差异的程度，来断定它们的亲缘关系。由此得出的系统进化树，与用经典方法得到的是基本符合的。

采用分子生物学的方法研究分类与进化有特别的优越性。首先，构成生物体的基本生物大分子的结构反映了生命活动中更为本质的方面。其次,根据结构上的差异程度可以对亲属关系给出一个定量的,因而也是更准确的概念。第三,对于形态结构非常简单的微生物的进化,则只有用这种方法才能得到可靠结果。

分子生物学在生物工程技术中也起了巨大的作用,1973年重组DNA技术的成功,为基因工程的发展铺平了道路。80年代以来,已经采用基因工程技术,把高等动物的一些基因引入单细胞生物,用发酵方法生产干扰素、多种多肽激素和疫苗等,基因工程的进一步发展将为定向培育动、植物和微生物良种以及有效地控制和治疗一些人类遗传性疾病提供根本性的解决途径。

从基因调控的角度研究细胞癌变也已经取得不少进展。分子生物学将为人类最终征服癌症做出重要的贡献。